「生存競争《サバイバル》」教育への反抗

神代健彦

目次

はじめに

本書が提案したいのは、わたしたちの社会の教育を「ゆるめる」ことだ。

いま日本の教育界は、かつてないほどピンと張りつめている。背景には、この国にいろいろな意味で余裕がないということがある。特に、グローバル市場における熾烈《しれつ》な競争のなかで、経済的に低迷を続けているということは大きい。地方はますます衰退していく。政治のさまざまな試みも、状況を打開してはくれなそうだ。企業にとっても、人々にとっても、さきのみえない不安な時代である。そしてそんな不安な時代を生きる子どもたちに、「生きる力」をつけさせたいという「親心」は、わからないではない。また企業の経営者が、少しでも優秀な人材を取り込みたいと考えるのは、必然ではあるだろう。地域の衰退や政治の空洞化を食い止められる人間が現れてくれれば、わたしたちの不安な気持ちも、いくぶんなりとも和らぐというものである。

しかし、まがりなりにも教育学を専門とする者として、ここは言わせてほしい。現代日本社会の問題を、なんでもかんでも教育で解決しようというのはいただけない。

確かに教育は、人間を育てることを通じて、人々の人生や社会の未来に対して、一定の貢献を為《な》すことができる。しかしわたしに言わせれば、そのような教育の役立ちの度合いは、決して大きいものではない。教育には不確定性がつきものである。これはもう、教員養成のテキストでも論じられる「教育学の基本のキ」だ。教えたからといって、その分だけ子どもが育つというわけではないし、教えたつもりがないのに、子どもの方が勝手に学んでいるということもある。もちろん教師も教育学者も、その確率論的な育ちをどうにかして望ましい方向に向ける努力はするが、なんと言っても育つのは子どもなのだから、「最小限のコストで最大限のメリットを達成しなさい」「必要な人材をきっちりきっかり、耳をそろえて社会に納品しなさい」などという注文を、そうそう請け負うことはできない。

それにそもそも教育は、経済のためだけのものでも、共同体の維持のためだけのものでも、家族のためだけのものでもない。市場も、国家も、地域共同体も、そして家族も、もっと役に立つ教育をしろ、意味のある教育をしろと言うけれど、それぞれ注文はバラバラなのである。もちろん教育は、それぞれの要求に（確率論的に）少しずつ貢献はする。しかしそれをもっと推し進めて、どれかの目的のためだけに合理化・効率化しようとすれば、教育はずいぶんと歪《いびつ》なものになる。まして、みんながみんな教育からそれぞれの利益を引き出そうと躍起になっても、そんな過剰な期待に引き裂かれた教育がうまく機能するとは思えない。結果、みんな当てが外れて、みんな不幸になる。

教育とは十徳ナイフのようなものだ、と言えば、そのニュアンスは伝わるだろうか。それはさまざまな用途で、いろいろな事柄に貢献できる。しかしとはいえ、料理を作りたいならば包丁を使うべきだし、稲を刈るならカマや稲刈り機に如《し》くはないし、家を建てたいならのこぎりや重機を用意した方が、理に適うというものだ。それらに無理やり十徳ナイフを使うのはおかしいし、十徳ナイフ自体も壊れてしまう。そんな不合理な注文に応えられないとして、責められるべきはナイフ（教育）だろうか、それを無理やり使おうとする人だろうか（わたしは後者だと思っている）。

このように書くと読者は、「この本の著者は、教育学者のくせに、人々によりよい教育を保障することについて、ずいぶん後ろ向きなんだな」と意外に思うかもしれない。しかし停滞の続くこの社会で、誰もが不安に押しつぶされ、ちょうどその分だけ教育なるものに過剰な期待や希望を託そうとしている。その結果、教育、なかでも学校教育が、改革に次ぐ改革の嵐に呑《の》まれ、余裕をなくし、ピンと張りつめ、張り裂けそうになっている。そんな時、教育に多くをもとめすぎるなと警鐘を鳴らすことは、結果的に、この社会と教育を持続させるためにいま一番必要なことなのではないだろうか。

だから本書は市場や国家、共同体や家族、その他もろもろ、教育に対して過剰な期待を寄せる教育の外部――この外部の総体を、本書では社会と呼んでいる――に対して、一定のNOを突きつける。だから本書は、そんな「社会の役に立て」という声に、少なくとも一定の反抗を企図する教育学という意味で、「反社会的な教育学」のススメとなっている。

教育には、できることとできないことがある。だからわたしたちは、教育に望み得ることと／望むべきことを真剣に吟味しなければならない。ローマ帝政期のストア派の哲学者エピクテトスは、とても趣深い人生の秘訣《ひけつ》を説いた。曰《いわ》く、「わたしたちの力のうちにあって自由になるもの」と「そとにあって自由にならないもの」を分けよ、と（エピクテトス『提要』）。わたしはこの精神を、教育についての期待の仕方、教育なるものとわたしたちのつきあい方にも援用してみたいと思う。すなわち、教育がその力を発揮して貢献できそうなことは最大限に追求し、そうでないものは適切に諦めてみる、という具合に。

結論を先取りするなら、わたしは、教育が可能にすることのなかで、かつ期待すべきなのは、「子どもを世界と出会わせる」ということだと思っている。逆にあまり期待すべきでないとわたしが考えるのは、教育を通じて子どもの能力を強化し、そのことによってさまざまな社会問題を解決するということ一般である。身も蓋もない言い方で少々恐縮だが、社会問題の解決は、社会全体で行うべきだ。グローバリゼーションを勝ち抜きたいのはわかるが、なぜ私企業が自分の会社の職能開発を学校にやれと迫るのか。子どもの愛国心が足りないと嘆く前に、子どもに愛されるに足る国をつくってはどうか。貧困・格差問題の解決は焦眉だが、それには再分配のシステムを工夫する方が先だろう。

（わたしに言わせればお門違いにも）みんなが教育に過剰に期待し、そして勝手に幻滅して呪詛《じゅそ》している。みんな学校を叩《たた》いては、（Twitter でよくある揶揄《やゆ》表現で言えば）「ぼくがかんがえたさいきょうのきょういくかいかく（要するに単なる思いつき）」を、自信たっぷり訳知り顔で述べ立てる。もういい加減やめてはいかがか。十徳ナイフで家を建てようとしても不可能だし、あなたも無駄にイライラするだけではないか。国家や社会の問題は、国家や社会で解決しよう。

少し揶揄が過ぎただろうか。お気に障ったのなら申し訳ない。

しかしわたしとしては、原理的に解決不可能な種類・規模の社会問題を解決する役割を過剰に期待された学校教育がゆがみ、疲弊し、息も絶え絶えになっている現状を、看過することはできない。この現状を変えるためには、まずは教育について過剰に期待し、ちょうどその分だけ学校を呪詛し続けている日本社会の神経症的なあり様を、つまりはわたしたち自身の自画像を――なぜそのような病に陥ってしまうのか、という病理学的な観点も含めて――描き出すことが必要だろう。そしてその上でわたしたちは教育、とりわけ学校教育に対する適切な期待の仕方を学ばなければならない。

これが本書の中心的なメッセージであり、課題なのである。

第一章　教育家族は「適応」する

一　教育家族の来し方

社会を生きるサバイバル・ユニット

教育がやたら期待されそして張りつめていく――いったい誰が、そんな過剰な期待を教育に寄せているのか？　社会全体が、というのがその答えではあるのだが、そのなかでまず注目したいのが家族である。

一般に家族とは、血縁や婚姻によって組織された、人間の共同生活の単位となる集団として定義される。しばしば家族は、安心で心地よい団らんの「居場所」としての「家庭」

を形成する。家族という集団や関係は、わたしたちに幸せをもたらしてくれる——少なくとも一般的な観念としてはそう言えるだろう。もちろん現実の家族は、例えばDV（ドメスティック・バイオレンス）や児童虐待などの温床でもあるから、手放しでそれを肯定するわけにはいかないけれども。

そしてそんな家族なるものは、それを取り巻く社会と無関係に存在するものではない。むしろ家族は、社会という複雑なゲームを勝ち抜こうと不断の努力を重ねる、戦略的な集団でもある。家族は、社会というジャングルを生きるサバイバル・ユニットである。だから家族たちは、終わりのみえない不安や恐怖を押し殺しながら、あらん限りの知恵と努力をつぎ込んで、必死になって、刻々と変化していく社会なるものへの「適応」を試みる。生物が世代を経て自然環境に「適応」するのとちょうど同じように、家族たちは、彼らを含む人間自らが生み出し支える環境であるところの社会環境に——ただしほかの生き物とは違って意図的・自覚的に——「適応」しようともがいている。「適応」の失敗は、家族の系の断絶を意味する。子の世代、孫の世代と、集団がその命脈をつなげていくために、家族は社会に「適応」する。

ただしここで一つ気にかけておくべきは、個々の家族の「適応」は、家族やそのメンバーの幸福と必ずしも同義ではないという事実、これである。変動する社会へうまく「適応」した家族は繁栄する。しかし繁栄の努力はしばしば、家族の個々のメンバーを追い詰める。そして皮肉なことに、そんな個々の家族やそのメンバーの「適応」の努力は、結果として、彼ら自身を苦しめるところの社会の存続を支えてしまってもいる。

本章では、懸命に社会を生き抜こうとするそんな家族たちの努力についてみてみよう。結論から言えば、とりわけ近代から現代における家族たちは、教育というものをある種のサバイバル・メソッドとして理解した。またそのように生存競争《サバイバル》と深く結びつけられることによって、教育は、人生の浮沈がかかったひどくシビアで憂鬱な営みとなった。教育の現在と未来を読み解く上で、最初に家族に注目するゆえんである。

その名も教育家族

とかく子どもは悩ましい。子をもつ親の悩みは尽きない。子どもを育てるという営みのなかでは、なにをする（させる）にも、完璧ではない気がして不安だ。子どもはおしなべてかわいい。だからこそである。この子には苦労をしてほしくない。幸せになってほしい。そう強く願うからこそ、問題はますます難しくなる。自分（親）の選択が、この子の将来を決定的に決めてしまうというプレッシャーが、ある種の親たちを苛《さいな》む。


「子どもはつくるか？　つくるなら何人か？」

「保育園には入れるのか？　それより幼稚園に入れるか？　こども園？　なにそれ？」

「『お受験』はどうする？　準備は早いに越したことはない。でもなんとなく不憫《ふびん》で……」

「ああ、また今日も怒鳴ってしまった。もう少し甘えさせてもいいのかな？　いややややっぱり叱るべき？」

「ああ、また会社休まなきゃ。今日は大事な会議があるのに……」

「いじめ、学級崩壊、体罰、学力低下……公立学校はちょっと……でも私立の学費出せる？」

「非認知能力の育成いかんが、子どもの将来を決める!?　そんなのどうすればいいの？」

子育てや教育に悩むそんな親たちを、教育学や社会学では「教育家族」と呼ぶ。その典型は、都市部で暮らす核家族としてイメージされる。すなわち、父親、母親、子どもからなる家族形態であり、子どもの数はそれほど多くない（一〜二人）。夫（父親）はしばしば、サラリーマンや公務員など雇われて働く人である。自営業者とは異なり、職場は生活空間から離れている。他方でプライベートな生活空間、すなわち家庭では、妻であり母でもある女性が家事を切り盛りしている。そんな彼女の主要な仕事の一つが教育（子育て）である。だから教育家族のコアは、母親であると言ってもよい。

もっとも、子どもの人間形成は、いわゆる子育てと呼ばれるケア役割のほかは、家庭の外部に委託されている。学校がその代表であるが、お稽古事や塾なども見逃せない。教育家族はそれらを戦略的に組み合わせつつ、子どもを「よりよく」育てようと試みる。そこにつぎ込まれる注意と労力、そして資力は膨大である。そんな愛情深く「教育的な」この小集団のなかで、子どもは、それとして愛され、また「よりよく」教育される存在として位置づけられる。ちなみにここでの「よりよく」とは、「ほかとの比較」や「競争」の性格をぬぐいがたくはらんでいる。自分たち（親）世代よりも「よりよく」、また同時代のほかの子どもよりも「よりよく」「人並み以上に」教育すること、そのことを自らの責任として引き受ける一群が、ここで言う教育家族である（沢山美果子一九九〇）。

そんな教育家族は、一見して自由な人々である。子どもをどのように育てるか、自分の意志で選ぶことができるのだから。より正確に言うなら、子どもをつくるかどうか自体がすでに、彼らの自由な「選択」に属している。なにしろそのそもそもの始まりとして、彼らにとって子どもは「授かる」のではなく「つくる」ものである。近世以前から続く伝統的な婚姻、出産、育児、教育が、しばしばイエや家業のあり様に拘束されていたのに比べたら、確かに彼らは自由な家族にほかならない。

ただし、そんな風にして自由であることは、必ずしも心地よいわけではない。冒頭に述べたとおりだ。自由には責任がともなう。ほかならぬわが子の人生への責任が。自分の選択が、愛するわが子を不幸にするかもしれないという恐怖、しかしその恐怖から逃げることなく、責任をもってなにかを選択しなければならないという苦痛。それは個々人のプライベートな趣味趣向というだけでなく、ある種の社会規範（その社会においてそうあるべきとされた思考や振る舞い）でもある。「全身全霊でよりよく育てるべし」という教育家族のそんな社会規範は、彼らの内面に深く食い込んでいるので、苦痛だからといって手放すことができない。疲れているから、お金がないから、ついつい子どもをぞんざいに扱う——子育てではよくあることだが、社会の子育て規範は、真面目な教育家族たちを内側から厳しく責め立てる。「あなたは子どもを愛していないの？」と。

教育家族は自由であり、だからこそしばしば、苦しい生き方でもある。

始まりは二〇世紀初頭

言い換えれば、確かに教育家族が教育家族になったのは彼らの自由意志ではあるのだが、しかし事柄の別の側面においては、歴史が、社会が、彼らにそのように「選択」するよう強いたということでもある。そんな教育家族の「自由と責任の強制」を理解するために、少し迂遠《うえん》だが歴史をさかのぼって考えてみたい。

いまからおよそ一〇〇年ほど前、日本社会は、第二次、第三次産業の相対的な隆盛という経済構造の転換を経験した。西暦では一九一〇—三〇年代、和暦で言えば明治末から大正期を経て昭和初年のあたりである。経済構造の転換にともなって各地で都市化が進み、その発展する都市部を中心に、新中間層あるいは新中間階級と呼ばれる人々が存在感を発揮し始める。官庁・企業・その他団体などに事務職、管理職、専門職（教職なども含む）として従事する彼らは、資本家とブルーカラー（単純労働者）の中間に位置しつつ、自営農民などの旧中間層からは区別される、文字通り社会の中間部分を担う新しいタイプの人々であった。具体的には、いわゆるサラリーマンや公務員を思い浮かべてもらえばいい。その多くは男性稼ぎ手モデル、つまり、男性（夫）が外で働き、女性（妻）は「専業主婦」として家事と子育てを一手に引き受けるというタイプの家族を形成していた。

そして新中間層とはつまり、さきに述べた教育家族そのものである。新中間層はほかの階層に比べて、子育てや教育に際立って関心をもつ人々である。ではなぜ彼らはそんなにも教育熱心なのか。それは彼らの来歴から合理的に説明できる。

新中間層の供給源は、仕事をもとめて都市部にやってきた農村の中農や士族の二、三男とされている。彼らは、自らの所有となる土地、機械や道具などの労働手段、あるいは技術・技能といったものをもたずに都市部に流入し、地縁血縁に頼ることなく個人の能力によって自らの生活を切りひらいた。そしてそれは彼らが、例えば旧中間層である農村の自作農が子に土地（生産手段）を相続するように、なんらかの資本を継承して家族集団を存続させていくという方略をとることが望めないということを意味する。例えば、地方から都市部に出て部長まで出世したサラリーマンが、リタイヤと同時に「部長」という職位や待遇を子どもに継承するということはあり得ない。だから彼らは代わりに、子どもに教育を与える。よりよい教育を与えることで子どもに高い能力をつけさせ、それによって家族集団の系を紡いでいこうというわけである。

もちろん新中間層にとっても、多くの財を投入して子どもに教育を受けさせることは、彼らなりの愛情の表現である。しかし愛情の表現であることと、それがその家族集団の系の維持・存続・発展のための合理的な戦略であることは矛盾しない。そしてその文脈においては、子どもの潜在的な能力こそは、家族集団の維持・存続・発展に関わる「資本」であり、教育とは、その資本（能力）の蓄積（増大）を企図した「投資」という側面をもっている。

ちなみにこのことの必然的な帰結として、新中間層＝教育家族の登場は、現代日本社会のシビアな問題の一つ、少子高齢化の出発点でもある。一九世紀以前の日本社会における

「多産多死」という人口現象、すなわち、多くの子どもが生まれ、また多くの子どもがさまざまな理由で大人になる前に死んでいくという社会的趨勢《すうせい》に抗して、教育家族たちは「少産」、すなわち、子どもはつくるなら一人か二人くらいという様式を生み出した。避妊などで積極的に出産をコントロールすることで、子どもの数を抑制する、そうすれば、一人ひとりの子どもに愛情と財（つまりは教育）をたっぷりと投入することが可能になるためである。やがてそのような産育の行動様式は、戦後の高度経済成長期の前後で日本社会全体の性格として定着し、現在の少子高齢社会を準備した。

このように、二〇世紀初頭の産業構造の転換期に登場した新中間層＝教育家族にとって、一～二人程度の子どもにいかに良質の子育て、教育を保障するかということは、家族集団の存続がかかった、だからこそ絶対に失敗の許されない営みとなった。教育のいかんは、家族の生存戦略にほかならない。

葛藤の教育戦略

この家族の戦略としての教育について、またその困難や葛藤について、歴史的にもう少し掘り下げてみよう。家族集団を継続的に維持する戦略として、教育家族たちはどのような教育をもとめたのか。結論から言えば、彼らのもとめる教育は、二つないし三つの異なる中心をもった、なかば矛盾したものであった。まずはそのうちの二つ、学歴主義と童心主義についてみてみよう（沢山一九九〇）。

学歴主義。こちらは現代でも広く人口に膾炙《かいしゃ》した考え方と言っていいだろう。始まりは明治時代にさかのぼる。近代という時代の開始を境に日本社会は、身分制を廃し、少なくとも建前上、平等な社会となった。このことは社会を構成する原理の根本的な大転換であるから、特に強調しておきたい。身分制社会において、個人は、生まれついた身分に応じて生き方を定められていた。そんな社会の原理原則が近代社会の到来（明治期）とともにがらりと変わり、少なくとも建前上、身分ではなく能力と努力に応じて待遇が決まるようになったのである。個人の能力と努力の結果としての業績（メリット）に応じて、その人の待遇が決まる――そんな社会のことを、社会学ではメリトクラシー（業績主義）の社会と呼ぶ。

ただし不特定多数の人同士が関係を結ぶ近代社会において、人々の業績（メリット、またそれを可能にしたその人の能力や努力）を比較・査定するのは、決して簡単なことではない。そこで各人の能力や努力（人格のあり様）をわかりやすく示す指標（業績）として重んじられるようになったのが、学歴である。それはつまり、試験でよい成績を上げてより上級の学校に進むということが、その人の社会における地位や待遇に大きな影響を与えることを意味する。そしてそんな学歴を主要な業績（あるいは潜在的な能力などの代理指標）とするメリトクラシー時代の到来を生き延びるために、とりわけ士族（元武士）たちを中心に、人々の学歴に対する志向が高まっていった。日本で最初の近代的な教育法令である「学制」には、「学問は身を立るの財本（ざいほん・もとで）」という文言があったが、学校教育を通じたいわゆる「立身出世」論にいち早く反応したのは、こうした士族たちであった。一九世紀終わりのことである。

他方、明治の終わり（二〇世紀初頭）に台頭した新中間層（教育家族）たちは、学歴主義を継承しつつも、試験学力一辺倒の学校教育を疑い始めた人々でもあった。一九世紀最末期、学校を通じた「立身出世」を最初に生きた世代を第一世代と呼ぶなら、学歴主義第二世代とも呼び得る教育家族は、学歴競争が勝者のみならず敗者を必然的に生み出すこと、また勝敗にかかわらず、その競争が子どもの心身の成長にとって有害でもあることを知る人々であった。その気づきゆえに彼らは、子どもの「子どもらしさ」「純真無垢《むく》」さが学歴競争のなかで傷ついていくことを是とせず、子どもが子どもらしく生きる「子ども期」をしっかりと保障してくれるような学校教育をもとめるようにもなったのである。この時期特に目立つようになったこのような子育て志向が、童心主義である。

また広田照幸（一九九九）は、ここにさらに第三の子育ての志向性として、「厳格主義」を提起している。厳格主義は、子どもを純真無垢な存在と捉える点で童心主義と認識を同じくするが、むしろだからこそ厳しいしつけや道徳教育を行うことで、確固とした人格を育て生活規律を身につけさせようとする。この三つ目の志向性を指摘した上で広田は、人格中心／知識中心の軸で［童心主義・厳格主義］／［学歴主義］、子どもらしさを尊重する／しないという軸で［童心主義］／［厳格主義・学歴主義］と区分し整理している（図）。

容易に想像されるように、これら三つの子育ての志向性はしばしば対立する。教育が焦点を当てるべきものとして、童心主義・厳格主義は人格をおき、学歴主義は知識（や技能）をおく。他方、童心主義が子どもの子どもらしさに価値をおく一方で、厳格主義と学

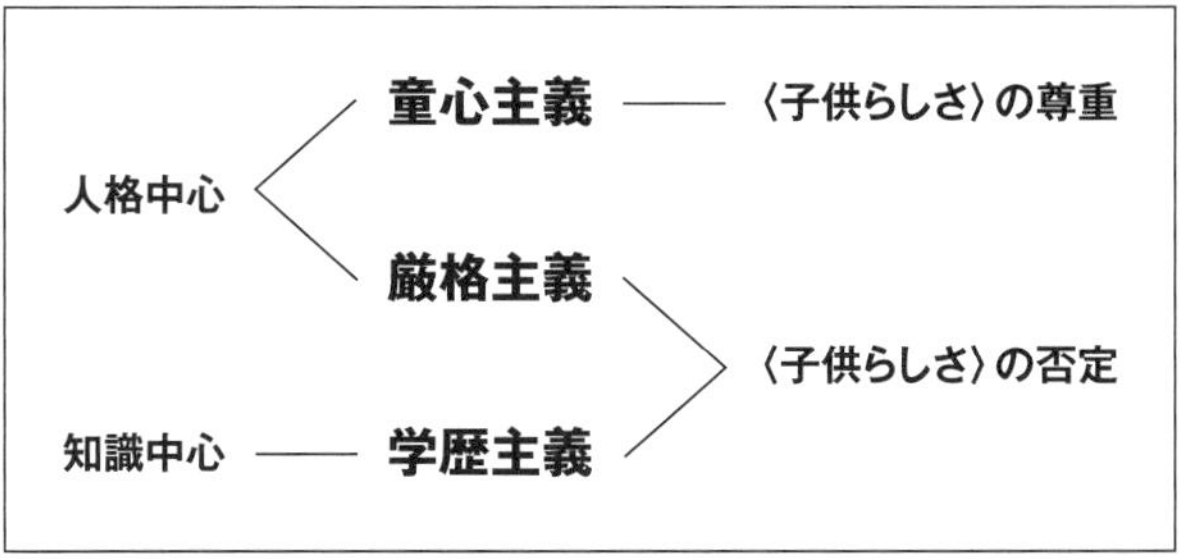

図　3方向の教育方針（広田1999より）

歴主義はむしろ早く大人になることをもとめる。このような違いが子育てをめぐる言説ではしばしば対立的に現れてくるのである。しかし原理的に対立するにもかかわらず、これらはしばしば、同じ教育家族のなかで、あるいは一人の親の内面に存在してもいる。だからこそ彼らは、子育てに深い悩みを抱えることになる。

「より確実に、よりよい職業についてほしい、そのためには学歴を……」

「でもあまりに知識を詰め込みすぎたり、厳しい訓練を課すと、この子がかわいそう」

　これらの矛盾・混乱する心性は、彼らの非合理性を示すのだろうか？　もちろんそうではない。それは矛盾や葛藤を含んだ社会に対する、教育家族たちの合理的な「適応」の必然的な帰結である。子どもをこの社会でよりよく生きさせるには、メリトクラティックな社会への「適応」が必須である。だがメリトクラシーへの「適応」一辺倒の教育に子どもが耐えきれなくなって潰れてしまえば、子どもと家族の未来も潰《つい》える。社会への「適応」は、そんなアクセルとブレーキの微妙なバランスを要求した。

ちなみに明治末から大正期にかけて、この教育家族たちの葛藤を引き受けて成立した教育のトレンドは「大正自由教育」ないしは「新教育」と名づけられ、それを実践した学校群は新学校と呼ばれた。

大正自由教育は、教師主導の管理や教え込み、知識中心、暗記偏重とされた明治の教育を批判し、子どもの主体性や自主性、創造性、個性を重視する新しい教育のトレンドであった。一部の私立学校や師範学校附属小学校（国家がつくった教員養成学校附属の実験校）で隆盛したが、それはこれらの学校が、厳格に管理された公立学校に比して自由な教育実践が相対的に許される場だったからである。日本教育史の分野でよく言及されるこの時期の有名な私立学校としては、澤柳政太郎の成城小学校（一九一七年創立）、西山哲治《てつじ》の帝国小学校（一九一二年）、中村春二の成蹊《せいけい》小学校（一九一五年）、羽仁《はに》もと子の自由学園（一九二一年）、西村伊作の文化学院（同）、赤井米吉の明星《みょうじょう》学園（一九二四年）、小原國芳の玉川学園（一九二九年）がある。また新教育の実践校として名高い師範学校附属小学校としては、千葉師範学校附属小学校、明石女子師範学校附属小学校、奈良女子高等師範学校附属小学校などがある。

特に私立学校については小針誠（二〇一五）が「お受験」を主題に詳細に分析しているが、それによれば、これらの学校を「お受験」する中心的階層はやはり新中間層＝教育家族であった。彼らは新学校（私立学校）の先進性を自集団の系譜を維持・存続・発展させるために積極的に活用したし、それに応えるように、これらの学校は先進的な教育を準備した。例えば成城小学校の「個性尊重の教育」「自然と親しむ教育」「心情の教育」は、現代の教育改革言説にも通じる教育綱領と言えるだろうと小針は述べている。

他方でこれら新学校のいくつかは、童心主義となかば矛盾する教育家族の教育要求である、進学準備教育（学歴主義）にも対応した。矛盾する志向を両立させるために編み出されたのは、上級学校（中等教育機関）の併設である。これによって教育家族たちには、「受験地獄」を回避しつつ学歴を取得する道が開かれることになる。ただし当然ながらその分、小学校（初等部）の受験は激化することになる。また私立学校に入学できたところで、内側から湧き上がる子どもの将来の不安が消えることはないから、結果的に教育家族たちはより早期から、ということはつまりより長期にわたって、絶対に失敗できない教育のプレッシャーのなかを生きることになったとも言える。

教育家族とは、二〇世紀初頭に生まれた、未来への期待と不安によって駆動するサバイバル・ユニットである。彼らは、「資本」としての子どもの能力を、教育という「投資」によってより大きくしていこうと努力する。ただしその努力は、単に財を投入して子どもを厳しく叱咤《しった》するような力業だけではなく、時に子どもの「子どもらしさ」にも配慮する、もっと繊細な、アクセルとブレーキの使い分けという側面を含んでいた。

二　教育家族の中心で

「教育ママ」の苦悩と転生

ここで少し視点を変えて、そんな教育家族の内部に目を向けてみよう。

教育家族の中心は誰だろうか。「大黒柱」として家族の経済的土台を支える父親も、あるいはケアの対象としての子どもも、教育家族を構成する重要なメンバーではある。しかし、子どもの教育について高い意識をもち、教育を戦略的に検討・吟味・選択ないし実行する、その意味で教育家族の中心的役割を引き受けるマネージャー的存在として、母親を外すことはできない。いまでこそ父親の育児参加の必要が論じられ、「イクメン」の語が人口に膾炙し、学校のサポーターとして「親父《おやじ》の会」が組織される例も増えてきてはいるが、少なくとも教育家族の誕生から現在までの歴史の大勢において（そして現在でもしばしば）、母親は教育家族の欠くべからざるプレーヤーであり続けてきた。

そして母親に注目するなら、「教育ママ」という存在は興味深い。現在では死語に近いかもしれないが、教育に「過剰」な関心を寄せる母親をネガティブに指示するこの語は、一九六〇—七〇年代にかけてマスコミで盛んに使用された。二関隆美（一九七一）によれば、当時の「教育ママ」とは「子の学校教育や学業成績に強度の関心・期待・評価をしめす母親」であること、そして反面では、「学業以外の生活分野（たとえば家庭生活・校外地域生活）における陶冶《とうや》価値について関心や配慮が不足しており、しつけや生活指導の方面での教育意識がひくい母親」であることという特徴をもった母親（像）である。だからこの「教育ママ」は、さきに述べた二〇世紀初頭の教育家族の母親像からすれば、かなり学歴主義に振り切ったイメージになるように思われる。

そして容易に予想がつくことだが、母親が実際に「教育ママ」として生きること、そして子どもがそんな「教育ママ」に育てられることは、母子双方の生活をストレスフルで生きづらいものとした。一九六〇－七〇年代の雑誌には、有名校入学を目標に子育て・教育に「過剰」に費用と労力を割く「教育ママ」、あるいはそのプレッシャーに苦しむ子どもたちについて、センセーショナルに描き出す記事を数多く見出《みいだ》すことができる。もちろんそこには、同時代を面白おかしくデフォルメして注目を集めようというマスコミの商業的な事情もあるだろう。だから、「犠牲」になった子どもたちの人権には配慮しつつも、ある意味では必死に社会に「適応」して生き残ろうという彼女たちの努力を、安易に「社会の闇」のように扱うことには慎重になるべきだろうが。

そしてそのように冷静な観点に立つなら、なぜ「教育ママ」はそんな行動（教育戦略）を「選択」したのかというのは、興味深い問いとなる。考えられる理由として一つには、労働市場に参入する際の学歴の価値・効用という、近現代日本社会を通底する客観的な事実がある。時代によって変動はするものの、明治以降現在に至るまで学歴には一定の価値や効用が認められるし、だからその追求は、家族にとっての正しく合理的な選択と考えて間違いない。この点から言うなら、「なぜ『教育ママ』になったの？」という問いを立てても、「そうしないとこの社会では生きていけないから」という回答が返ってくるにすぎない。

ただ、そのような近代という時代の一般的状況とは別に、本田由紀（二〇〇〇）は、「教育ママ」たちの世代（一九二〇―三〇年頃生まれ）がおかれた特有の歴史的社会的状況にも注意を払っている。「教育ママ」世代は結婚・育児期に「家庭に入り（職業キャリアの切断）」、夫への経済的依存を強めるが、その夫たちは世代的に小学校卒で戦後の中卒新卒市場からも疎外されるなど、労働市場において相対的に不利な立場にある、相対的に不遇な世代だったというのである。実際、彼らの少し後の世代、つまり戦後新制中学校の卒業生は高度経済成長期に「金の卵」として重宝されたが、「教育ママ」世代はその波にのるには「早すぎた」。彼女たちは、少し後の世代が幸運にも戦後日本社会にうまく「適応」していった様を眺めていた。その「口惜《くや》しさ」が、「自分が受けられなかった教育をせめて子どもに」という親心となり、結果、子どもの教育達成や学歴にひと際強い関心を寄せる「教育ママ」が誕生したのだという。

ではそうすると逆に、「教育ママ」現象は、ある世代に特有の日本戦後史の一コマとしてすでに過去のものとなったのだろうか。確かに、世代としての「教育ママ」は母親役割のステージを終えているし、その意味で「教育ママ」現象は過去のものだろう。しかし、子どもの教育に強い関心をもち、財や労力をつぎ込む母親という子育て・教育の志向や、その社会規範がなくなったわけではない。それはある意味で形や質を変えながら、現在も存続している。

すでに一〇〇年の歴史をもつ小学校や中学校の「お受験」現象のほかで言えば、近年のトピックとしては、小学校における英語教育改革やグローバル化という世情を反映した、英語教育の過熱がある。ゼロ歳からの早期英語教育は市場を拡大しており、英語で教育と保育を行うプリスクール産業が首都圏を中心に人気を集めている。特に後者は共働き家庭のニーズに対応して、夜遅くまでの預かり、バス送迎、食事提供などのサービスも提供されているという。子どもと母親が英語圏の国に留学する「親子留学」も人気だというのだ（額賀美紗子二〇一六）。

そのように早期英語教育に励む母親たちは、必ずしもかつてのような学歴主義むき出しの「教育ママ」ではないだろう。しかしそれは、社会への「適応」という観点から言うならば、方法論の違いにすぎないとも考えられる。現代の母親たちの英語教育熱は、「グローバル社会」を念頭においた際の、学歴主義の限界を敏感に感じ取ったがゆえの、新しい合理的戦略行動に違いないからである。つまるところ世代としての「教育ママ」が過ぎ去った後も、教育家族、なかんずく現代の母親たちは、変わらず社会への「適応」を、その時代に即して模索している。

このような教育（意識）の「過熱」と関わって気になるのが、近年の心理臨床の現場で存在が指摘されている「教育虐待」という現象である。神経・精神疾患を専門とする小児科医古荘純一によれば、過度の早期教育・英才教育、またそれに付随する支配的・強権的な関係のなかで、子どもが受忍限度を超えて勉強させられることによって心身の不調を経験したり、場合によって心的な外傷を被っていることがうかがわれたりするケースがあるという。具体的には、過度に支配的な親子関係のなかで、教育達成（学校の成績）をめぐって強い叱責や言葉の暴力、身体的暴力が行使されるケース、スポーツなどで過度な練習を強要されるケースなどが指摘されている。そしてそれは、親自身の満たされなさや不安が子どもに投影された結果ではないかという（古荘純一・磯崎祐介二〇一五）。

この「教育虐待」は、現在はまだ臨床現場からの問題提起という段階であり、厳密な定義や、それがどの程度日本社会に存在するかといった量的な把握はなされていない。しかし二〇一九年に入ってNHKがニュース番組で小特集を組んだほか、詳細なルポルタージュ（おおたとしまさ二〇一九）が出版されるなど、近年注目が集まりつつあることは確かである。この状況をみるに、世代としての「教育ママ」が母親ステージを終えた後も、子どもの教育に強い関心をもって関わる母親は依然として存在しており、そのうちの一部の母親がここで言うような「教育虐待」を行ってしまっているという推測は、それほど的外れではないように思われる。

教育家族は、集団の系を維持する方法として子どもへの教育という方法を選択し、それによって変動する社会に「適応」する集団である。かつての「教育ママ」、そして現代の「教育虐待」とは、その極端な様態、適応の努力が過ぎて逆に子どもや家族集団を傷つけてしまうという「過剰適応」の例と言えるだろう。

「セカンド・シフト」、そして

では「教育虐待」のような極端を避けること、言い換えれば、「ほどほどの適応」こそが、現代教育家族の生きる道なのだろうか。答えはさしあたりイエスである。なにごとにおいても、「過ぎたるはなお及ばざるがごとし」は真理であろう。ただし、子どもにとっては、である。「ほどほどの適応」は、非常に高度に洗練された教育・子育て戦略にほかならないのであって、だからそれは、担い手としての教育家族にとっては非常に高いコストを要求する。金銭的にも、また精神的にも。

キーワードになるのは、「きっちり」と「のびのび」である。本田（二〇〇八）は、内閣府が二〇〇五年一～二月にかけて全国の一五～二九歳の若者とその親に対して実施した

「青少年の社会的自立に関する意識調査」の結果を分析し、勉強や生活習慣を子どもに厳格にもとめる「きっちり」した子育てと、子どもの遊びや体験、希望や意見の表明を重視する「のびのび」した子育ての二類型を導いている。その上で、学歴が高い母親ほど子育てに力を入れる「全方位的」な「パーフェクト・マザー」志向であり、社会的地位が高く経済的に余裕のある階層の家庭ほど「きっちり」した子育て要素を顕著に示しつつも、「のびのび」子育てにも積極的であることを指摘している。ここからは、現代の家族も(とりわけ高階層に属する母親・家族を中心に)、細心の努力と財の投入をもって子どもに良質の子育て・教育を与え、そのことをもって家族集団を維持するというサバイバル戦略を継続しているということが改めて確認される。

問題は、そこで母親たちが感じている困難である。本田は小学校高学年の子どもをもつ三九人の母親にインタビューを行い、「子どものために最大限できることをやってあげたい」と思い「きっちり」と「のびのび」双方の子育てを実践する母親たちが感じている、葛藤やプレッシャー、自責感を聴き取っている。実際、社会には、「子どもの自発性を重視すべきだ」「基礎学力が大事だ」「生活習慣が重要だ」「目標をみつけさせることが重要だ」などといった、時に矛盾した理想的家庭教育論があふれている。しかしそれらを実行しようと思うなら膨大な金銭の投資が必要であるし、また母親自身もつねに子どもに愛情を注ぎ細やかな配慮を継続しなければならない。当然、投資できる財にも限りはある。つねにスキのない配慮を子どもに与え続けるには、強靭《きょうじん》な体力と精神力が要求される。だからその努力はつねに一定の妥協を余儀なくされるわけであるが、そのことにまた母親たちは自責の念を感じている。

ちなみにこの葛藤は、母親が家庭の外で働いている場合にとりわけシビアになる。そんなワーキングマザーの生きづらさを、アメリカの社会学者A・R・ホックシールド（一九九〇）が「セカンド・シフト」という卓抜な表現で的確に整理している。

ホックシールドによれば、ワーキングマザーは昼間は仕事、夜は家事・育児というように、あたかも二つの勤務シフトで働いているかのように生きている。前者（ファースト・シフト）はもちろん大変である。しかし後者（セカンド・シフト）は、大人とは異なる時間を生きる小さな人間に寄り添い続けるという、独特のつらさがある（山田陽子二〇一九）。なにより必要なのは「感情管理」である。育児の担い手は、どんなに疲れていても、相手

（子ども）の言動にイライラしても、その感情をコントロールし、相手の要求に従って動くことを要請される。

またファースト・シフトが長時間化すると、どうしてもセカンド・シフトを圧縮するという事態が生じる。そしてその圧縮の結果、子どもたちの不満やぐずり、甘えや抵抗に辛抱強く対処したり、休日に埋め合わせの時間をつくるといったあらたな「勤務」である「サード・シフト」（ホックシールド二〇一二）すら発生するのである。そんな状況では、むしろ職場（ファースト・シフト）は、ほかの二つのシフトで疲れた自分を癒す場になるという倒錯が起こる。ホックシールド、そしてその理論をベースに日本のワーキングマザーの調査を行った山田（二〇一九）は、むしろ職場の方が、そんな家事・育児（セカンド・シフト）からの逃げ場になっていることを明らかにしている。

要するに子育ては、あまりにもコストが高いのである。家庭と仕事の両立は、かくも難しい。本田（二〇〇五）は、満二〇～八九歳の男女五〇〇〇人を対象にした調査の分析から、子どもの将来（地位達成）の重要性やリスクについて意識的な女性は、①子どもをもつのではなくもたないことを、②子どもをもちつつ働くのではなく働かないことを、それぞれ選択する傾向を見出した。①はより徹底した子育てという社会的要請が、女性たちに出産・育児を諦めさせていること、②は女性にとって子育てと就労がトレードオフ（どちらか一方）の関係になりがちであること、したがって子育てが女性の諦念や自己犠牲によって成り立っていることを容易に推測させる。もちろんそこには、周囲の人間や行政のサポートが不足し、母親にだけ過度にプレッシャーがかかりがちだという状況がある。

「のびのび」「きっちり」のベストミックス

そしてこのような過酷で悲惨な状況の上に、である。まったくおそろしいことに、今後の日本社会においてそのような理想的な家庭教育・子育てのコスト、ハードルは、ますます高まっていくと予測される。これはいくら強調してもしすぎることはない。背景には、これからの新しい社会を生きる人間に必要とされる力量が、ある部分では不定形化して捉えどころがなく、また別の部分では加速度的に高度化しているということがある。

例えば高度経済成長期、さきに触れた「教育ママ」の時代、労働市場に有利に参入していく上で必要なのは、近代的な認知能力、平たく言えば、ペーパーテストで測ることのできるタイプの学力であった。そんなペーパーテストの学力を獲得するには、親子ともになるほど多くの財の投入と努力とが必要ではあったが、しかしその獲得の筋道は比較的明確であったとも言える。ペーパーテストで測られる記憶力や計算技能などの認知能力は、単純なドリル学習など、時間と労力と資金さえかければ一定程度獲得できるからである。しかし（詳しくは第二章で述べるが）二〇世紀末以降、社会がもとめる能力（人々の社会的待遇を決める能力）は、「ポスト近代型能力」と呼ばれるものへと変質していく。個性、創造性、問題解決能力、コミュニケーション能力といった、より捉えどころのない不定形の能力がもとめられるようになり、またそれに呼応して、学校教育ではこれまた捉えどころのない「生きる力」が目標に掲げられることとなった。

さらにそれらペーパーテストで計測しづらい不定形の能力の一部は、近年、心理学や社会科学の進展によって学問的基礎づけを与えられ、教育界と市場の両方で存在感を増している。例えばアメリカの経済学者J・J・ヘックマンは、肉体的・精神的健康、根気強さ、注意深さ、意欲、自信、あるいは長期的計画を実行する能力、他人との協働に必要な社会的・感情的制御といった非認知的な性質や能力が幼少期に十分に開発されているか否かが、その子どもの将来の社会的地位達成に大きな影響を与えると主張した（ヘックマン二〇一五）。アメリカの心理学者W・ミシェルは、自分の欲求や感情をコントロールするスキルをもっている幼児ほど、後の人生において成功を収めていることを追跡調査によって明らかにしている（ミシェル二〇一五）。そしてこれらはとりわけ、幼児期の家庭教育や子育てと重ねて議論されているところに特徴がある。

それのなにが問題だというのか？　少なくともヘックマン自身は、非認知能力の効用についての自身の研究成果を、教育、特に幼児教育の公共投資を正当化する根拠となるものとして提起している。その提言がそのまま日本でも受容され、例えば幼稚園や保育園、こども園などに公的資金が注入され、そこでの教育が質・量ともに充実するならば、社会的効用も高まると同時に、子育てに悩む母親たちの負担もいくらか軽減されるかもしれない。

しかし現実には、二〇一九年から幼児教育・保育の無償化こそスタートしたものの、都会を中心とした保育施設の不足、保育士の低待遇などの対策は遅々として進まず、社会問題化しているのが日本社会の現状である。他方、市場は敏感に反応している。非認知能力を育てる子育て方法をつづった書籍が次々に出版され、そのための幼児期学習教材やプログラムが商品化されている。魅力的なサバイバル用品が、実店舗やウェブ上で所狭しと陳列されている。母親たちは、適切な商品を見極め、より配慮の行き届いた家庭教育・子育てをわが子に準備するようますます動機づけられている。このような状況は母親の、あるいは教育家族の葛藤やプレッシャーを、弱めるだろうか？

おそらく答えは否である。「教育愛」とサバイバルの必要性に駆動される母親たちの多くにとって、ポスト近代型能力や非認知能力の登場は、むしろサバイバル・レースの高度化として経験されているのではないか。なぜなら肉体的・精神的健康、根気強さ、注意深さ、意欲、自信、長期的計画を実行する能力、他人との協働に必要な社会的・感情的制御、自分の欲求や感情をコントロールするスキルこそは、少なくとも認知能力の育成を念頭におかれた補習教育（学歴志向の「きっちり」）ではなく、子どもの自主性や自律性を尊重する「のびのび」さについての感度を適切に組み込んだ子育て・教育を要請するからである。現代の母親、あるいは教育家族は、一見して教育的関心が低いようにみえながらその実高度に計算された緻密な子育て・教育の遂行、いわば「のびのび」と「きっちり」のベストミックスという難題を、否《いや》が応でも課されている。そんな教育家族たちには、教育戦略を助けてくれる広義の商品（学校を含む）を選択する自由はあるが、それらを選択しないで成り行きに任せるという選択の自由は存在しない。

もっとも、そもそも伝統的な童心主義や「のびのび」子育ても、必ずしも母親が「手を抜いてもよい」「気を抜いてもよい」子育て・教育ということを意味してはいなかった。そう考えればむしろ、「きっちり」塾に通わせて、「きっちり」しつけをするだけでは身につかない不定形の能力を、教育家族たちは一〇〇年前から気にしていたのかもしれない。そうだとするなら非認知能力とは、そこで予感されていた能力が科学的に捕捉されたにすぎないとも言える。歴史的な真偽はともあれ、そんな新しい能力が必要とされ、その新しい能力を育てる「のびのび」の質が問われるようになった現代日本社会において、子育て・教育はより高度で過酷なものとなっていることは確かである。

三　こちらの苦悩、あちらの理不尽

もう一つの教育家族

同じ日本社会のサバイバル・レースを生きていても、異なる条件のなかで、異なる教育戦略を生きている家族集団もいる。教育家族といった場合には、大卒で相対的に階層が高いという条件を有し、それを前提に高密度で矛盾をはらんだ教育戦略をとる者たちに目を奪われがちだが、非大卒で階層としては相対的に低く、「自然」な教育によって「普通」の子を育てたいという選好をもった母親・教育家族にも注目すべきであろう。

再び本田（二〇〇八）によれば、非大卒層の母親たちは、大卒層の母親たちに比べて必ずしも子どもの大学進学を強く希求していない。子ども本人が希望するならばなんとかしてあげたいが、とりあえずは高校まで出てくれれば、といった具合である。だから彼女たちは、子育てにおいても大卒・高階層の母親たちほど高密度の教育を準備することはない。

しかしそのことは彼女たちが、教育に対して興味をもたない家族、つまり非教育家族であるということを意味しない。経済的な状況が許さないという客観的な「格差」の存在を無視するわけではもちろんないが、少なくとも彼女たちは、そのような状況のなかで、彼女たちが考える「自然」な子育てを営んでいることは疑い得ないからである。

この点に関連して、大卒・非大卒という学歴の区分によって現代日本社会が分断されている様を描き出す吉川徹（二〇一八）の研究に触れておこう。吉川は、高卒で社会に出る若者たちが、彼らなりの合理性に基づいたライフコースを歩んでいることを強調する。吉川によれば、一般に「低学歴」と言われる非大卒者（高卒、専門学校修了者）は後期中等教育を修了した者たちであり、国際的な水準から言えば決して低学歴ではない。彼らは単に、大卒学歴の獲得に人生の序盤でお金と時間を費やすのではなく、自分の将来設計に必要十分な知識と技能を手早く身につけて労働市場に参入することを「軽やかに」選択した「軽学歴（Lightly Educated Guys、略してレッグス）」の者たちなのだという。

もちろんここで言う「軽学歴」の「選択」は、一〇代の彼らの完全に自由で自律的な判断とばかりは言えないだろう。家庭の収入を心配するがゆえ、あるいは兄弟姉妹に進学機会をゆずるための、内心では忸怩《じくじ》たる選択ということも十分あり得る。またとりわけ地方において、根強い性差別意識から親に進学を許されなかった女性たちも少なくないはずである。ここで「軽学歴」と言われる人々のすべてが、「軽やかに」という形容が適切というわけではないことには注意が必要である。

しかしともあれ、ここでは学歴の「高い」「低い」という価値判断を相対化するという吉川のねらいを尊重して、「軽学歴」という用語をあえて使っておこう。そしてこのように非大卒の人々を表現するなら、それと対になる、大卒学歴の価値や効用を追求して人生の序盤に多くの資源と努力を投入しそれを獲得した大卒者たちは、「重学歴」の若者たちということになる。さらに、厳密さを多少犠牲にして、子どもを「重学歴」者に育てることで家族集団を維持しようとする教育家族を「重教育家族」、「軽学歴」者であることを許容して「自然」な子育てを行う家族を「軽教育家族」とここでは呼んでみたい。彼らはそれぞれがおかれた社会的布置や条件に応じて、相対的に異なる仕方で現代日本社会に「適応」しつつ生き抜こうと試みる、二種の教育家族である。

そしてこのように思い切って類型化してみるなら、結論は出ないことは承知しつつも、ついついこう問いたくなってしまうのも無理からぬことだろう。「重教育家族と軽教育家族、いったいどっちが幸せな生き方なんだろう?」と。

幸福な家族とはどのような家族か、そもそも幸福とはなにか――、そんな問いに深入りすることは避けよう。さしあたりここまで論じた限りのことを敷衍《ふえん》すれば、軽教育家族であることは、重教育家族（の母親）が感じるようなプレッシャーをいくぶん軽減する可能性は高いだろう。ただし、そのようにして多くを望まないことの代償（少なくとも経済的なそれ）は、決して小さくない。

この点について、「学歴分断社会」を強調する吉川徹の分析を再び確認してみよう（吉川二〇一八）。それによれば、自身も重教育家族で育ち、同じように重教育家族を形成していると思われる壮年大卒男性の世帯年収は八八六・九万円、同女性は八五四・二万円なのに対して、軽教育家族で育ち自身も軽教育家族を形成している可能性の高い壮年非大卒男性と壮年非大卒女性は、それぞれ六五〇・〇万円と六〇六・六万円だという。世帯年収にして二〇〇万円以上の開きがある。同じように、若年大卒層（男性六五二・〇万円、女性六八三・八万円）と若年非大卒層（男性五〇〇・八万円、女性五一四・六万円）の世帯年収の格差は男性で一五一・二万円、女性では一六九・二万円となる。これらのカテゴリーで最大と最小、つまり壮年大卒層と若年非大卒層の世帯年収の格差を考えるならばじつに三八〇万円以上になり、単純計算で一日に一万円以上の豊かさの違いがあることになる（なお、学歴差に比して男女差が小さいのは、日本社会が同程度の学歴同士で家族を形成しがちな「学歴同類婚」の傾向が強いからとされている）。軽教育家族であるということはこの格差を引き受けることを意味する。わたしたちの社会は、学歴によって分断されている。

さらに言えば、軽教育家族の子ども、特に軽学歴の男性は、そもそも自らの家族を形成しづらくなっている可能性もある。彼らは、バブル経済後、流動化・不安定化した労働市場に一〇代で参入し、資格や専門的知識を必要としない販売・サービス業や半熟練・非熟練のブルーカラー従事者として懸命に社会を支えてきた。しかし、いまだ根強い学歴社会である日本において、軽学歴者が就いた職業は、概して職業威信（職業に対する人々の格付け）が低く、雇用形態も不安定で、結果として彼らは離職回数が多く収入が低くなる傾向にある（吉川二〇一八）。そしてそんな軽学歴男性は、男性を主たる稼ぎ手とする性別役割分業意識がいまだ根強く、「（仕事が）できなければモテない」という性愛構造が維持されている日本社会（山田昌弘二〇一六）では、配偶者を得ることが難しい。

他方で若年非大卒女性は六二・七パーセントが既婚者で、子どもの数も一・三二人と同世代のなかでは多い。しかし「学歴同類婚」傾向を前提とすれば、大卒層との収入の格差は、さきに示したように明らかである。またもし離婚してシングルマザーとなればさらに厳しい生活が予想される。二〇一七年に公表された厚生労働省の「平成二八年国民生活基礎調査の概況」によれば、子どもがいる現役世帯の相対的貧困率は一二・九パーセントだが、そのうちの半分（五〇・八パーセント）が一人親世帯である。軽学歴女性の社会的リスクも、軽学歴男性と同等かそれ以上に高いと言わざるを得ないだろう。

以上の実態をみるに、少なくとも軽々に、重教育家族よりも軽教育家族の方が幸せとは言えなくなる。重教育家族（の母親）は子育ての苦悩や葛藤に、軽教育家族（の母親）は社会の理不尽に、それぞれの形で苛まれている。

ペアレントクラシー

またここで一度視点をマクロな文脈に移せば、学校教育とそれを取り巻く教育産業のあり方（広義の教育システム）が、さきに述べた重教育家族と軽教育家族を構造的に再生産しているという事実も、重要なトピックである。それはつまり、軽教育家族と重教育家族の固定的な分断構造が存在するということにほかならない。

きっかけとして次のような問いを考えてみよう。ある社会に生まれついた人の、その社会における地位や待遇を決めるものは、いったいなんだろうか？

それは時代によって異なる。近世以前において圧倒的な影響力をもっていたのは身分である。平たく言えば、近世社会では「あなたのお父さんはなにをやっている人ですか？」ということの答え（武士、農民……）が、その子の生涯を基本的に決定する。武士の子どもは武士に、庶民の子どもは親の職業を継ぐか、丁稚《でっち》奉公や徒弟として生きるか――日本史の研究は従来言われていたよりも近世の人々の社会的流動性が高かったことを教えているが、それでも、武士と庶民という身分の境界を越えた移動は困難であった。近世の人々は、身分ごとに定められた「分」を守ることが社会を生きる原理原則であった。

だから近代のメリトクラシーとは、そんな身分制社会を転換させる自由と平等の原理であった。もともとこの概念は社会学者M・ヤングが空想科学小説のなかで提示したものであり、「知能（ＩＱ）＋努力＝メリット（業績）」として定式化される社会原理である。この原理によって成り立つ社会を、社会学では「メリトクラシー社会」と呼ぶ。そこでは人々は平等な存在として生まれ、ただ与えられた能力と自ら為した努力の成果としての業績によって社会的地位や待遇が定まる。そんなメリトクラシー社会では、かつての身分制社会では不遇な状況におかれたであろう人々（能力に恵まれ、努力する意思をもちながら、身分の壁に阻まれて生きる人々）が救済されることになる。能力の高い人材が社会の主導的な地位に立つことは、社会の効率性の面からも望ましい——少なくともかつての社会学者たちは、このメリトクラシー化の度合いを社会の進歩と民主性の指標と考えていた。

そしてそのような社会において、さきに触れた二種の教育家族の境遇の差は、ごく自然で正当なものとなる。少なくとも日本社会は身分制社会ではない。教育家族の子どもたちは、開かれた社会のなかで、公正な競争を経て、ただ能力と努力の差によって、それにふさわしい地位と待遇を得る。不運にも能力に恵まれず、また自身の能力開発の努力を怠った者は、それなりの待遇に甘んじる。それが不満ならば、少なくとも努力すればいい。家族と子どものおかれた境遇はその結果にすぎない、ということになる。

しかし、そのようにして教育家族たちの格差を正当化するかにみえるメリトクラシー原理なるものは、実際には、あるいは少なくとも現代においては、不可能な社会体制である。ヤングの小説においてメリトクラシー社会は、子どもが将来発揮するであろう能力を、環境の要因を排除しながら完璧に測定できる技術の発明によって成り立っていた。その完全な能力測定技術を国家が厳密に管理適用することによって初めて成立するのがメリトクラシー社会であるが、現時点でこの地球上のどこにもそんな測定技術は存在しない（広田二〇一二）。それは近代以降の社会の基本的性格としての能力主義や業績主義を、あくまで極端に純粋な形で表現した空想的な原理にすぎないのである。

では一見してメリトクラシー社会のようにもみえた近代社会、なかでも現代日本社会は、本当はどんな性格の社会なのだろうか？　これについてイギリスの教育社会学者P・ブラウンは、「ペアレントクラシー」というあらたな概念を提起している（ブラウン二〇〇五ほか）。ペアレントクラシーの社会とは、「富（wealth）＋親の願望（wishes）＝選択（choice）」を原理とする社会、すなわち、ある人の地位達成（ある子どもの将来）が、その人自身の能力や努力ではなく、その人の親が保有する資産とそれを背景とした、子どもの将来に対する親の願いのもとでなされる選択にかかっている、そんな社会のことである。

もう少し丁寧に説明しよう。このペアレントクラシーの社会でも、学校における成績（教育達成）が子どもの将来（地位達成）を決めるという傾向性は変わらない。ただしペアレントクラシーの社会では、子どもの学校における教育達成を促進する商品を扱う教育産業市場が成熟していて、それを利用できるかどうかが学校での教育達成に大きく影響する。子どもの教育にお金をかけられる裕福な教育家族たちは、塾や家庭教師などの学校外教育――それらは伝統的な認知能力だけでなく、非認知能力の育成をうたうものも含まれている――をうまく利用することで、子どもの教育達成を向上させる。

さらに子どもの学習意欲、あるいは社会的成功に有利になる各種の文化への親しみやすさといった性質も、家庭環境に大きく依存していると言われる。高階層の家庭で育った子どもほど、親たちの細やかなケアによって学習に前向きになり、また家庭で過ごすうちに知らず知らず学校の教育達成にプラスに働くような文化に親しんでいる傾向があるというわけである。実際、片岡栄美（二〇一八ほか）の調査結果によれば、上層ホワイトカラー層は労働者階級に比べて、子どもの宿題や勉強をみる習慣があるという。その背景には、親自身の勉強に対する肯定的な感覚がある。また本の読み聞かせをよくする、美術館や博物館へ子どもを連れて行く、クラシック音楽を子どもと一緒に聴いたり、コンサートに行くなどといった子育て実践の傾向性も、上層ホワイトカラー層に顕著だという。当然、このような子育ては、学校における教育達成において有利に働くようなこの種の文化実践に対する、子どもの肯定的な感性を形作ることになる。社会学においては、人がものごとを知覚し評価する原理となる精神構造を「ハビトゥス」と呼ぶが、このハビトゥスは、家庭の教育を通じて次世代へ伝達される。要するに、勉強することを肯定的に捉え、のみならず多様な音楽や絵画などの芸術その他文化実践を好む親のもとでは、同じようにそれを好む子どもが育つ傾向がある、ということである。

では、そのことのなにが問題なのか。親の資力と熱意に支えられて、子どもが学び育っていく——確かにこのこと自体に問題はないどころか、むしろ望ましい家族の姿であろうことは否定しない。問題は、すべての子どもがそうではないということ、つまりは格差である。親の資力やハビトゥスが、子どもの教育達成に直接間接によい影響を与えることによって、結果として出身家族（親）の階層が子ども世代でも固定的に再生産されていくぺアレントクラシーの社会、それは一見すると前近代と違って、平等で公正な競争によって人々の社会的地位や待遇が決まっているようにみえる。しかしその実態は、親の階層と教育意識によって子どもの将来が決まる社会、親世代の格差がそのまま次世代にも継承され続ける社会、「緩やかな身分社会」（松岡亮二 二〇一九）とさえ呼び得る社会である。

このような分断され固定化された社会は、少なくとも自由、平等、公正といったリベラルな理念を重視する立場から言えば望ましくない。子どもは親を選んで生まれてくるわけではない。どのような境遇の家庭に生まれるかは、その子自身にはいかんともしがたい所与のものである。そして、自分自身ではいかんともしがたい所与の条件によってそれぞれの人生が決まってしまうのは不公平である。たまたま社会的地位や収入の低い階層の家に生まれたがゆえに、将来も低階層であり続けることが決定されているのは不自由、不平等であり、理不尽である。

もっとも、仮に経済的に恵まれた家庭に生まれたとしても、高度化する社会のサバイバル・ゲームのなかで生き抜くために生活のすみずみにわたって高密度に教育される環境が、子どもにとっての最善の利益であるかどうかは別問題である。「緩やかな身分社会」においては、軽教育家族が上層グループに入ることは難しいが、重教育家族が教育戦略の失敗によって下層グループに「転落」する可能性がなくなったわけではない。それは家族の系の維持・存続・発展がかかった苛烈なゲームの内部の出来事なのであり、だからいきおい彼らの全方位的・高密度な教育戦略が子どもを苦しめる可能性は、決して低くない。もちろん家族（母親）のマネージメントが極めて周到で、相対的に低い負荷でストレスなく育つ子どももいるだろうが、そのような精妙な子育てを担う金銭的・精神的コストの負担に母親たちが不安、葛藤を抱いている事実を軽くみることも正しくない。

現代日本社会は、そこを生きるすべての家族たちにとって――それぞれに固有の形で――生きづらい社会である。

教育家族と社会の行く末

そのような分断社会化、「緩やかな身分社会」化は、今後も、より深刻化すると同時に、国や文化を超えてスケールを増大させていくだろう。少なくともプレーヤーである重教育家族たちの振る舞いからは、そう予測せざるを得ない。章のまとめに入る前に、最新の

（重）教育家族事情と社会の行く末について素描しておきたい。

まず最新の重教育家族事情という点では、片岡（二〇〇九）がインタビュー調査によって明らかにした、子どもの小学校・中学校受験（早期受験）を選択する現代日本の母親たちの類型が興味深い。自身も高学歴・有名大学卒で勉強熱心、子どもの社会的上昇を望みつつ受験のさまざまなリスクにも配慮する「勉強ハビトゥス再生産型受験」の母親、自身はそれほど受験にコミットしなかったが、子どもが親戚や家族に劣らない大学に入学しないと肩身が狭いと考える「代理競争型受験」の母親、高校受験や大学受験が大変なので早めに安心させたいと子どもに早期受験をさせる「苦労回避型受験」の母親、親子代々が同じ私立学校出身で、子どもを親と同じ学校に行かせるのが当然と考える「身分文化再生産型受験」の母親、周囲の母親に影響を受けて自分の子どもにも受験をさせる「他者同調型受験」の母親の五つである（表）。そしてこのように一定のバリエーションを示しながら片岡は、彼女たちに共通する、①教育リスクの回避志向、②同質性志向について言及している。

まず①について。原理的に言って、教育は「成功」する場合もあれば「失敗」する場合

類　型	
勉強ハビトゥス再生産型受験	自身も高学歴・有名大学卒で勉強熱心、子どもの社会的上昇を望みつつ受験のさまざまなリスクにも配慮する。
代理競争型受験	自身はそれほど受験にコミットしなかったが、子どもが親戚や家族に劣らない大学に入学しないと肩身が狭いと考える。
苦労回避型受験	高校受験や大学受験が大変なので早めに安心させたいと子どもに早期受験をさせる。
身分文化再生産型受験	親子代々が同じ私立学校出身で、子どもを親と同じ学校に行かせるのが当然と考える。
他者同調型受験	周囲の母親に影響を受けて自分の子どもにも受験をさせる。

表　受験意識別の母親類型（片岡2009より筆者作成）

もある。もちろんなにが教育の「成功」「失敗」なのかは捉え方によるが、例えば受験で不合格になること、いじめの被害にあうこと、そうでなくとも、学校やクラスと相性が悪く不登校になることなどは一般に想起される「失敗」だろう。そして同じく一般的には、そのような「失敗」の起こる確率は、すべての学校で同じとは考えられていない。有名私立学校はその確率が低く、公立学校は相対的に高いと考える保護者は多い。だから、とりわけ学校やその学校へ入るための準備教育を「選べる」親たちは、「リスク」の高い公立学校を避けて、「リスク」が低いと思われる有名私立学校などへの受験を選択する傾向がある。これが①教育リスクの回避志向である。ちなみにもう少し言えば、それが学校選びなどによって避けようと思えば避けられる（確率を下げられる）からこそ、つまり、子どもの幸せは完全な偶然ではなく、自分たちの「選択」にかかっていると考えるからこそ、重教育家族は苦悩する。そんな心理的かつ社会的構造（つまり本章ですでに述べてきたこと）がここにうかがわれる。

次に②についてである。片岡（二〇〇九）は、関東八都県の「満三歳～中学三年生の子どもをもつ世帯の親」を対象として調査をしているが、そのなかで、中学受験を子どもにさせたいと考える親たちはさせたくないと考える親たちに比べて、「考え方や価値観の合わない親とは、つきあわないようにしている」と回答する傾向があったという。それはつまり重教育家族たちの、自分たちと考え方や価値観の似ている人々――それは同程度の階層に位置する人々であることを意味すると思われる――と同質的な集団を形成したい、そこに所属したいという選好のあり様を示している。彼らは、分断社会の「こちら側」で閉じて生きていきたいのである。

　ただし一見して逆説的だが、中学受験を志向する親ほど「国籍の違う子どもと友だちになること」を子どもに強く望んでもいる。片岡がこの理由をインタビューで問うたところ、多くの親が「将来、英語ができるようになって海外で活躍してほしい」と回答したという。それはつまり重教育家族たちが、日本社会に住む「考え方や価値観の合わない親（＝階層の異なる親）」と袂《たもと》を分かち、グローバル社会のなかで階層的に同質的なエリート集団に接近していきたいと考える傾向があることを推測させる。

　ちなみに、二〇一八年三月に公開されたベネッセ教育総合研究所・朝日新聞社共同調査「学校教育に対する保護者の意識調査二〇一八」の結果は、教育（学）関係者に衝撃をもって迎えられた。所得による教育格差を「当然だ」「やむを得ない」と許容する保護者の割合が六二・三パーセントにものぼったからである。経済的に「ゆとりがある」層においてそのように回答したのが七二・八パーセントであった点は、重教育家族たちの「自己正当化」を意味しているだろう。ただし注意が必要なのは、「ゆとりがない」層、すなわち、父母の学歴が相対的に低く経済的にも厳しい層においても、格差を許容する回答が五五・

七パーセントと過半数を占めている点である（ベネッセ・朝日新聞二〇一八）。このことはつまり、日本社会の多数派が、教育というものを、社会全体の福利を向上させるための公的なインフラ（だから階層にかかわらず平等に保障されるべきもの）ではなく、まさに、個々の教育家族が社会に「適応」し、その系譜を維持・存続・発展させるために利用するプライベートなツールであり、商品であると捉えていることを示している。

このような不平等を容認する発想の浸透は、まず近代の理念に照らして望ましくない。まさに社会の危機である。それと同時に、この社会のプレーヤーたる教育家族たち自身にとっても、社会なるものの生きづらさという意味で望ましくない。そしてなにより絶望的なのは、そのような社会は教育家族たちの意識によって支えられていると同時に、その意識の方は、社会によって規定されているということである。しかもそんな意識は、社会と子どもを蝕《むしば》んでやろうという「悪意」に支配されているというわけではなく、ただ自分たちの子どもへの愛情の必然的な帰結であるということが、なおさらやるせない。社会は教育家族を、教育家族は社会を、お互いに決して望ましいとは言えない状態のままで、みごとに支えあって閉じている。

四　これは教育の問題なのか?

いいえ、社会の問題です

分断された生きづらい社会と、それを悪意なく支えてしまう教育家族の連環。わたしたちはいったいどうすればよいのだろうか?

かつての、と言うべきか、少なくとも理念的には、むしろこのことに対する処方箋たることが教育、なかんずく学校教育に課せられた使命だった。日本国籍を有する子どもという限界はあったにせよ、すべての子どもたちに平等に保障されるものとしての学校教育。それは子どもたちにあまねく教育を受ける機会を与え、そのことによってすべての子どもたちの育ちを支えるものであった。それは将来の準備教育であると同時に、子ども期それ自体の充実でもあった。そしてそれは、すべての親たちの子どもへの思いを信託されて行われるものであり、親たちと教師たちの共同事業であった。またそれは、子どもたちへの教育を通じて、日本社会の経済的な活力を生み出すとともに、人類が蓄積してきた広義の文化や科学を次世代に伝え、さらに民主主義の基盤を準備するという意味で、社会をよりよい方向へと導くものでもあった。

しかしその理念は現実に裏切られている。教育は家族たちの生き残り戦略に組み込まれ、また社会の一部として有機的に機能するというまさにそのことによって家族たちを、社会を分断し、生きづらいものとしている。学校と教育産業市場と教育家族が補完的に駆動することで、教育は現在の格差社会を未来のより深刻な格差社会へと、強化・再生産している。いったいどうすればよいのか。

一つ確かなのは、これが独り教育の問題ではなく、家族・社会・教育の構造的問題なのであって、だからこれは社会問題で（も）あると考えるべきだ、ということである。

格差社会・分断社会という社会のあり方が問題なのだから、その処方箋も、直接社会のあり方に手当てするものであるべきだ。労働市場において弱い立場におかれている軽学歴の人々を社会のメンバーとして正当に承認し、賃金の不当な格差をなくし、雇用を安定させること、雇用保険や災害補償制度、各種の福祉制度など、セーフティネットを充実させること、適切な再分配政策を実行すること。これらは軽教育家族やその子どもの処遇を改善すると同時に、教育の失敗がひどい破滅につながるものではないという社会的安心感を醸成することで、重教育家族のプレッシャーもいくぶんか弱めるだろう。

やるべきことは膨大だが、明確でもある。これらを措《お》いて（学校）教育だけを変えることでこの社会を変えることはできない。教育改革が喧《かまびす》しいが、英語教育やプログラミング教育、道徳教育をいくら充実しようと、学校教育の負担が増えるだけで、少なくともそれだけで社会が望ましく変わることはあり得ない。このことはいくら強調してもしすぎることはない。たとえ善意からだったとしても、教育に期待しすぎてはいけない。

社会にまつろわない教育

社会の問題は、まず社会の問題として捉えられるべきである。だからゆめゆめ、教育に期待しすぎてはいけない。このことを特に強調した上で、では改めて、これからの日本の教育はどうあるべきであり、それはいかにして可能か。

本書の結論をぼんやりとそのイメージだけでも先取りするならば、よい教育とは、社会に合理的に組み込まれてスムーズに駆動する歯車であってはならない。教育は社会の歯車であることから逃れられないし、完全に逃れ去るべきでもないが、しかし社会の部分としてスムーズに駆動することが教育のよさを構成するわけでもない。むしろ教育は社会にとって異物であり、その意志にまつろわないものであることによって、逆説的に社会を救うものともなる。

そしてこのことを説明するため、次章では、まさにいま社会のなかに〈強引に〉合理的に組み込まれようとしている――そしてそれに失敗することでつねに批判されている――現代教育のあり方について言及することにしたい。現代日本社会あるいはグローバル社会において、教育は、「学び」に還元され、生きることそれ自体と限りなく一致し、そのことによって社会そのものの、しばしば望ましくないその自己運動のプロセスに、スマートかつ合理的に組み込まれつつある。キーワードは「コンピテンシー」である。

参照文献

おおたとしまさ（二〇一九）『ルポ　教育虐待―毒親と追いつめられる子どもたち』ディスカヴァー・トゥエンティワン
片岡栄美（二〇〇九）「格差社会と小・中学受験―受験を通じた社会的閉鎖、リスク回避、異質な他者への寛容性」（日本家族社会学会編『家族社会学研究』二一巻一号）
片岡栄美（二〇一八）「教育格差とペアレントクラシー再考」（日本教育社会学会編『教育社会学のフロンティア二　変容する社会と教育のゆくえ』岩波書店）
厚生労働省（二〇一七）「平成二八年国民生活基礎調査の概況」
小針誠（二〇一五）『〈お受験〉の歴史学―選択される私立小学校　選抜される親と子』講談社
沢山美果子（一九九〇）「教育家族の成立」（『叢書〈産む・育てる・教える―匿名の教育史〉一〈教育〉―誕生と終焉』藤原書店）
二関隆美（一九七一）「母親の教育態度と子どもとの関連―教育ママの子はどんな子か―」（大阪府・大阪府青少年問題研究会『青少年問題研究』一九号）
額賀美紗子（二〇一六）「育児と仕事のエスノグラフィー（六）過熱する早期英語教育を考える―グローバル時代における家族の教育戦略」（『ミネルヴァ通信「究」』六八号、ミネルヴァ書房）
広田照幸（一九九九）『日本人のしつけは衰退したか―「教育する家族」のゆくえ』講談社
広田照幸（二〇一一）「能力にもとづく選抜のあいまいさと恣意性―メリトクラシーは到来していな

い」（宮寺晃夫編『再検討　教育機会の平等』岩波書店）
P・ブラウン（二〇〇五）「文化資本と社会的排除―教育・雇用・労働市場における最近の傾向に関するいくつかの考察」（A・H・ハルゼーほか編『教育社会学―第三のソリューション』住田正樹ほか訳、九州大学出版会）
古荘純一・磯崎祐介（二〇一五）『教育虐待・教育ネグレクト―日本の教育システムと親が抱える問題』光文社
J・J・ヘックマン（二〇一五）『幼児教育の経済学』東洋経済新報社
ベネッセ教育総合研究所・朝日新聞社（二〇一八）「学校教育に対する保護者の意識調査二〇一八」
A・R・ホックシールド（一九九〇）『セカンド・シフト　第二の勤務―アメリカ　共働き革命のいま』田中和子訳、朝日新聞社
A・R・ホックシールド（二〇一二）『タイム・バインド　働く母親のワークライフバランス―仕事・家庭・子どもをめぐる真実』坂口緑ほか訳、明石書店
本田由紀（二〇〇〇）「「教育ママ」の存立事情」（藤崎宏子編『親と子―交錯するライフコース』ミネルヴァ書房）
本田由紀（二〇〇五）「子どもというリスク―女性活用と少子化対策の両立を阻むもの」（橘木俊詔編『現代女性の労働・結婚・子育て―少子化時代の女性活用政策』ミネルヴァ書房）
本田由紀（二〇〇八）『「家庭教育」の隘路―子育てに強迫される母親たち』勁草書房
松岡亮二（二〇一九）『教育格差―階層・地域・学歴』筑摩書房

W・ミシェル（二〇一五）『マシュマロ・テスト―成功する子・しない子』柴田裕之訳、早川書房
山田昌弘（二〇一六）『モテる構造―男と女の社会学』筑摩書房
山田陽子（二〇一九）『働く人のための感情資本論』青土社
吉川徹（二〇一八）『日本の分断―切り離される非大卒若者たち』光文社

第二章　教育に期待しすぎないで

一　教育依存／学校不信

家族問題から社会問題へ

「あれ」がなければ生きていけない、だから苦しくても、もっともっと欲しい、もっと効き目のある、もっとわたしを安心させてくれる、「あれ」を――。まるでチープなテレビドラマに出てくる、極端にデフォルメされた薬物依存症患者のうわごとのようだが、第一章でみてきた一部の教育家族たち（とはいえそれは、多かれ少なかれわたしたちのことだ）の教育に対する態度はこれと似たようなものだなどと言えば、叱られるだろうか。

それはそうかもしれない。人々が教育をもとめるのは、自分たちの快楽のためというよりは、自分の子どもへの愛情ゆえであるのだから、教育をもとめることをある種の「依存」のように言うのはずいぶんとシニカルにすぎる。しかしそれでもあえて教育を「依存」のメタファーで語る仕方は、わたしたちと教育の関係についての興味深い一側面を照らし出す「異化」の効果をもっている。あえて言ってみよう。わたしたちは「教育依存症」である。わたしたちは、子どもによい教育を与えたい、否、与えなくては不安で仕方がない。いま与えている教育で十分なのか、もっといい教育があるのではないか、そんな底なしの不安。

もう少し正確に言い添えると、この教育依存というアイデアは、わたしたちが経験する現実の教育、特にその主要なものとしての学校教育に、わたしたちがまったく心酔してしまっているとか、その経験が至上の快楽であるとか、そういうことではない。正確に言えばわたしたちは、自分たちの世俗的な幸福を約束してくれる、じつのところいまだ存在しない理想的な教育を欲望している。そして亢進《こうしん》し続ける理想への欲望が、いきおい、現実の学校教育をひどく色あせたものにみせる（広田二〇〇五）。「学校は、つねにろくでもない、役に立たない教育を提供している」「すべての人に門戸を開く公立学校は、特にひどい」「極めつけの大いなる「改革」が必要だ」――そのような否定的な感情は、わたしたちの社会のそこかしこで見聞きする、ごくごく一般的な教育語りだ。わたしたちは、教育依存症患者であると同時に、そしてそれゆえに、ひどい学校不信のなかにいる。

とはいえ教育依存／学校不信の症状が深刻なのは、個々の教育家族たちだけではない。結局はわたしたちの社会そのものが、もっとも深刻な教育依存／学校不信症候群の罹患者《りかんしゃ》である。社会にはつねに問題が山積している。第一章で触れた格差や貧困はもちろん、さまざまな差別はいまだ根強い。他方で、近い将来あらたな産業革命を迎えると言われるグローバル世界のなかで、日本社会は新しい生き残りの方法を必要としている。だからこの社会で暮らす人々、つまり政治家、財界人、官僚といったリーダーたちから、近所のおじさんやおばさん、職場の上司や同僚など身近な市井の人々に至るまで、そしてもちろん教育家族たちもみんな、教育を欲望している。みんな互いに微妙にすれ違って、ひどく矛盾しながら、にもかかわらず一丸となって、わが子の成功や社会それ自体の治療やエンパワーメントのために、理想の教育を欲望している。そしてその欲望が成就しないことに、つねに絶望し呪詛している。だから日本の学校教育は、明治の創設以来一四〇年以上、休むことなくずっと改革され続けている。

ともあれ本章では、第一章の家族と教育という視座をさらに拡張して、日本社会と教育の現在について示しておきたい。まずは、ここで言う教育依存／学校不信症候群についてもう少し解説を加えておこう。その上で、依存と不信のスパイラルが織りなす終わりなき教育改革の現在を切り取って示してみたい。

教育依存症候群

社会の病としての「教育依存症候群」というアイデアは、直接的にはアメリカの教育学者D・ラバリーに負っている。その名も『教育依存社会アメリカ』（原題は *Someone has to fail: The Zero-Sum Game of Public Schooling*）は、教育依存と不信のスパイラルのなかで揺れ動くアメリカの学校を、少し度が過ぎるとも思えるほどシニカルに、しかし説得的に描き出している（ラバリー二〇一八）。ラバリーによれば、アメリカの二〇〇年におよぶ学校教育システムの歴史は、アメリカ社会が学校にもとめる三つの目標のせめぎあいとともに現在に至っている。すなわち「社会移動（ソーシャル・モビリティ）」「社会的効率（ソーシャル・エフィシエンシー）」、そして「民主的平等（デモクラティック・イクオリティ）」の三つである。

「社会移動」とは、各個人が生まれた階層・階級の壁を超えて、より高い社会的地位や待遇を獲得することである。個人は学校教育によって――より率直に言えば学歴の獲得によって――、親よりもより高い社会的地位や手厚い待遇を得ることが可能になる。その時、学校とは、社会移動を達成する手段となる。社会移動は、子どもを学校に通わせる保護者がしばしば学校にもとめる目標である。その時、学校は社会移動のための手段、しかもお金を払えばより上質のそれを購入することができるもの、つまり商品であるような手段となる。そして保護者たちは、そんな教育の消費者となる。

他方、政治家や官僚、経済界のリーダーたちは、しばしば学校教育を経済発展のための手段として捉える。学校教育は、子どもをより生産性の高い労働者（人的資本）として育て上げることによって国全体の経済効率を高め得るし、またそうすべきであると彼らは主張する。これが「社会的効率」である。

ただし少なくとも、一九世紀中盤のアメリカにおいて創設されたコモンスクール（統一基礎学校、初等学校）が目指したのは、すべての人々に平等に教育の機会を与えることで、合衆国の「市民」を創り出すことであった。ラバリー曰く、アメリカ教育史上で唯一の成功した改革としてのコモンスクールが掲げた目標こそが、三つ目の「民主的平等」にほかならない。

そして困ったことに、これら三つの目標はしばしば矛盾・競合する。例えば、ある人々にとっては学校教育はより高い社会的地位につくための競争の手段であるから（社会移動）、それはできる限り希少なものであった方がよい。みながよい学校教育に恵まれてしまうと、より高い社会的地位や待遇を目指すライバルが増えてしまうからだ。しかしそのことは、いま現在低い階層や地位にある人々の教育要求と真っ向から対立してしまう。理念的に言えば、社会移動の手段としての学校観は、すべての人々に権利としての学校教育を保障するという民主的平等の理念と衝突してしまうのである。そしてさらにそこに、経済界からの「社会的効率」という要求が重なる。それは例えば、経済効率の観点から、すべての人に教育を保障するのは非効率的であるとして、「民主的平等」や「社会移動」の目標と衝突するものであったりする。また教育の内容面で言うならば、そこで教えられるカリキュラム（なにをどの順番で教えるか）について、産業の発展に役に立つようなものにすべきなどと財界人が注文をしているのは、世界中でよくみる光景である。

このように、複数の競合する目標や要求が同時に課された時、学校教育制度はどうなるだろうか？

一つの方向性として、学校教育制度は高度化・複雑化することによってそれに応えようとする。「社会移動」と「民主的平等」という二つの矛盾する要求を受けた結果、一九世紀末のアメリカではハイスクールが門戸を広げた。それはある意味で「民主的平等」の促進である。ただし「社会移動」をもとめる一部の人たちは、さらに上級の学校を要求した。結果としてカレッジやユニバーシティ（高等教育）が充実していったので、全体がエレベーターのように押し上がって、「民主的平等」は限定的なものになった。日本で言えば、高度経済成長期にみんなが高校に行くようになったので、以前よりも高卒学歴の価値が下がり（学歴価値のインフレ）、より多くの人が大学へ進学するようになったという現象がこれにあたる。

ただし学校の組織や教室の実践のレベルで言えば、学校は、そのような矛盾する要求は無視してやり過ごそうとするというのも、ラバリーが主張するところである。それは学校から利益を引き出そうとする保護者や経済界の人々の目には、学校や教師の「怠慢」に映るかもしれない。しかし学校に言わせれば、そもそも「社会移動」「社会的効率」「民主的平等」の要求は矛盾しているのである。「右に曲がれ」「左に曲がれ」「飛び上がれ」という矛盾した要求を律儀に聞いて倒れてしまうわけにはいかないので、学校は、組織としても実践のプロセスとしても、できる限りいままで通りに振る舞おうとする。だからラバリーに言わせれば、実際に学校が提供し得ているのは「学校すること（doing school）」、すなわち、子どもたちが組織や人間関係のなかでの振る舞い方を学ぶということ、そしてせいぜい学歴という資格の付与くらいにすぎない。多くの要求は無視され、改革はつねに失敗する。

そしてそこに悪循環がある。学校が外部からのさまざまな要求をやり過ごそうとするのは、矛盾する諸要求に律儀に応えようとしすぎて組織自体が壊れてしまわないための、自己防衛策という面がある。そしてそれぞれの関心に即して学校から利益を引き出したい人たちは、改革の失敗に怒り、学校を呪詛し、そしてさらなる改革をもとめる。学校は、ますます保守的になる。そのようにして学校と社会は、疑心暗鬼を深めていく。

間違いなく人々は、教育の可能性を信じている。教育を自分たちの世俗的な幸福や理想的な社会建設のための切り札として、これ以上なく頼りにしている。そしてだからこそ、学校が言うことを聞かないのが許せない。「右」も「左」も「真ん中」も、異口同音にこう叫ぶ――「もっといい教育を」「そのために学校を変えろ!」。

人々の教育依存症候群は、学校改革依存症候群でもある。

日本の患者たち

このようなアメリカの構図を、歴史的・文化的な文脈を異にする日本にそのまま引き写して考えるのは、ちょっと安直かもしれない。しかしとはいえ、ラバリーの主張を吟味すればするほど、日本の現状が重なってみえてしまう感じはぬぐえない。

「社会移動」という目標に関しては、すでに前章でみてきたところである。教育家族の教育要求はまさに、自集団の系を維持する有効な手段であるように学校に要求している。公立学校不信と私立「お受験」の過熱はそのあらわれである。彼らの熱意は高等教育を大衆化し、巨大な教育産業、教育市場を生み出した。

「社会的効率」については、有力な企業経営者たちによって構成される、いわゆる「財界」の要求がすぐに思いつく。嚆矢《こうし》となるのは、一九六〇年代高度成長期の一連の「人的能力開発政策」だろう。一九六三年、当時の内閣総理大臣池田勇人《はやと》の諮問を受け、有識者や経済界の代表者によって組織された経済審議会は、「経済発展における人的能力開発の課題と対策」を答申した。同答申は学校教育を、経済成長にともなって増大するであろう労働力需要を満たすための労働力供給機構と位置づけ、教育課程の多様化、能力主義の徹底、「ハイタレント・マンパワー」の早期発見と育成などを強調した。それらは文部大臣の諮問機関である中央教育審議会で議論され、一九六六年の「後期中等教育の拡充整備についての」の軸となっていく。一連の議論は、高度成長期における産業構造の動向に合わせた効率的な人材育成と配分を学校教育の役割としてもとめるものであり、そのような主張が高度経済成長期の教育改革を推し進めていった。

ただし、歴史の現実においては、必ずしもそんな財界の主張が貫徹されたわけではない。

一連の答申が、能力の上下の序列を含みつつ労働者の能力の質的な違いを重視した「多元的能力主義」であったのに対して、実際の学校教育は、人々の「社会移動」の教育要求に応じて、いわゆる「偏差値輪切り」と呼ばれるような普通教育中心の「一元的能力主義（による序列主義）」という性格をもつようになった。「社会的効率」をもとめる財界の改革要求が、そのまま貫徹したわけではなかったのである（乾彰夫一九九〇）。財界は職業でもとめられる個別の能力を生み出すような中等教育をもとめたのだが、結局、現実の企業社会は、自前の企業内教育を前提に「高偏差値」の新卒者、実態としては、よく訓練されてはいるが何色にも染まり得る「まっさら」な人材をもとめた。だからこそ教育家族と学校は、それに「適応」して偏差値競争に邁進《まいしん》したのである。

このように意図せざる帰結もはらみつつ、ともあれこれ以降、財界はその時々の産業や市場の動向をにらみながら、学校教育へのさまざまな要求を繰り返している。以来学校教育は、当然のように日本の産業を支える「人的資本」の供給装置と位置づけられ、そしてつねにうまく作動しない供給装置として「役立たず」の烙印《らくいん》を押され、改革要求を突きつけられながら現在に至っている。

他方「民主的平等」について言えば、日本の学校教育はそれを世界有数の水準で達成している。義務教育ではない後期中等教育、つまり高校の進学率は限りなく一〇〇パーセントに近い状態で推移し、さらに大学・短大など高等教育への進学率は六〇パーセントにも手が届こうとしている。ただしこのような「みかけ」の動向を支えているのは、これまた世界有数の巨大な家計負担である。OECD（Organisation for Economic Co-operation and Development：経済協力開発機構）が毎年発表する調査（『図表でみる教育：OECDインディケータ』）でも、日本の高等教育への公的な財政支出は、対GDP比でOECD加盟国中つねに最低水準にある。高等教育への高い進学率という「みかけの平等」は、日本の政治家や官僚層などの改革者が「民主的平等」を掲げてパブリックに達成したものというよりは、「社会移動」を目標とした個々の家族たちのプライベートな負担（授業料）によって支えられている。

もっとも、憲法二六条で無償と定められた日本の義務教育機関の達成は、「民主的平等」の観点から改めて強調しておくべきことである。ただし教育内容の面では、アメリカにおける「民主的平等」が市民としての権利と義務についての理解の涵養《かんよう》を意味するのに対して、日本では、道徳教育に典型的なように、ルールを守らせることへの強い関心、権利に対する義務の優先、文化的多様性への配慮の少なさなどといった、「民主的」と形容するにはやや躊躇《ちゅうちょ》する事情がうかがわれる。それはそのような従順さを涵養することによる「統治の効率性」の要求、つまりある種の「社会的効率」の要求と区別がつかない。また後述するように、日本のナショナル・カリキュラム＝学習指導要領がグローバル化、知識基盤社会化を受けた「社会的効率」を一つの基調にしている点も重要である。

このように、日本社会の歴史をごくごく簡単に振り返るだけでも、日本の教育家族、政治家、官僚、財界は、それぞれの関心に応じて学校教育から利益を引き出そうとして、互いに異なった多くの要求を学校に突きつけてきたということがわかる。それらの要求一つひとつは、要求する方にとっては合理的かもしれない。しかし複数の要求を受け止める学校教育の立場から言えば、それぞれは矛盾していたり、あるいはそうでなくとも、現実に対してあまりに高度すぎる。財界は「社会的効率」を念頭にエリート教育と一般職業教育を分けろと言い、教育家族たちは自分の子の「社会移動（要するに受験対策）」をもとめる。憲法が定める「民主的平等」、つまり、すべての子どもたちに平等に共通の教育を保障するという理念はもちろん重要だが、現実のさまざまな要求は、学校をしてその追求に専心させることをしないのである。

学校教育は複数の要求に突き上げられ、引き裂かれている。にもかかわらず要求者たちは、学校教育がそれぞれの関心に応え得るものであり、また応える義務を負うものと信じてやまない。彼らは教育に希望を抱き、その希望を叶《かな》える責務が学校にあると固く信じている。彼らもまた教育依存症患者である。そのことが日本の教育改革の「常時稼働中」状態を支え、教師と子どもを疲弊させている。どんなに学校にムチ打っても、彼らが満足できる結果は、原理的に得られそうもないというのに。

学校不信の教育政治

もっとも一部の人々にとっては、学校改革の不可能性は、まさにそのことが利益を生むものであるのかもしれない。ラバリーは、社会問題の解決のツールとしての教育という発想は、それ自体失敗を運命づけられているとしてもなお、むしろそのことが、政治家にとっての利益を生むと論じる。どういうことか。

一般に教育改革は、その成果が出るまでに時間がかかる。だから公職に当選した政治家たちに、自身が始めた教育改革の失敗の責任を償わせようとしても、多くの場合彼らはすでに任期満了である。そうこうするうちに次のリーダーは、前職の失策を引きあいにして新しい教育改革を始めることになる。また学校という組織が「常時稼働中」の改革に抗するために保守的な傾向をもつという一般的な性格をもつがゆえに、そんな学校は政治家たちにとって、自身の強いリーダーシップを強調する際の恰好《かっこう》のサンドバッグとなる。学校教育改革がたとえ失敗しても、彼らに言わせれば、それは学校という組織のおそるべき頑迷さによるのであって、彼ら政治家の責任ではないのである。

それはつまり学校、特に公立学校に問題が山積し、人々が学校に不信感を抱いていればいるほど、政治家にとっては都合がよいということでもある。学校が「社会移動」「社会的効率」「民主的平等」その他の各観点から問題があり、改革が必要であればあるほど、それに果敢に挑む解決者としての政治家の威信は高まる。しかも、失敗の責任を取るというリスクなしで。

三つの教育要求からは多少ズレるが、このような「学校不信の教育政治」をわかりやすく示すものとしては、学校におけるいじめ問題と、その解決者としての政府与党という一連の構図が挙げられるだろう。学校における「いじめ」という概念が広く日本社会で定着したのは一九八〇年代頃と言われる。嚆矢となったのは、東京都の公立中学校に通う鹿川裕史くん（当時中学二年）が自殺した「葬式ごっこ」事件である。その後も約一〇年おきに周期的に社会問題化し、いまや「いじめ」は日本の学校の「慢性的な病」「風土病」として理解されている。そして教師や教育行政はもちろん、広く教育関係者がこのような不幸を少しでも減らす努力をすべきことは言うまでもない。

ただ気になるのは、この「いじめ」問題の解決を強調して、およそ教育学的にはとても実効的とは思われない教育政策が展開していることである。

例えば道徳教育である。アジア・太平洋戦争以前の日本の公教育のカリキュラムにおいて中核に位置していたのは「修身」であったが、この国家主義的道徳教育が戦時体制を支えたことの反省から、戦後日本の公教育から「修身」は排除された。しかし、一九五〇年代中盤以降冷戦体制下において政権与党であり続けた自由民主党を中心とする保守政治家は、学校のカリキュラムに道徳教育を位置づけることに強い関心をもち続けてきた。一九五八年に特設された「道徳の時間」は「教科」ではなく「領域」という曖昧な位置づけで半世紀以上続いてきたが、二〇一八年に「特別の教科　道徳（道徳科）」として小学校で完全実施に至った（中学校は二〇一九年から）。そしてなにを隠そう、この道徳教科化の原動力となった保守政治家や「有識者」らの道徳教育要求の根拠には、「いじめ」問題への対応がうたわれている。

しかし、児童期・青年期における学校内外の複雑微妙な人間関係を背景とした「いじめ」に、年間三五時間の道徳科の授業がもつ実効性は疑わしい。常識的に考えて、道徳科の授業で「いじめはよくない」という事実を確認することで実際にいじめが減るという筋書きは、信ぴょう性に欠けるだろう。しかし少なくともそれは、「いじめ」に対して無力な学校を改革する政党や政治家のリーダーシップを、効果的に演出したことは間違いない。「教師は役に立たない。国が責任をもって、強力なリーダーシップで改革して参ります」というわけである。実際はどうだろうか。安易な未来予測は慎むべきかもしれないが、わたしにはむしろ、新しい「特別の教科」の立ち上げで教師の多忙化が進み、子どもを丁寧にみる時間が失われ、いじめはますます見逃されるという悪循環が生じる可能性の方がリアルに感じられる。

＊ちなみにわたしは、「いじめ」問題への処方箋というのとは別の意味であるが、道徳教育必要論者である。ただし、有効な道徳教育を支える上で必要な学校の環境整備や現状の道徳科の建て付けには問題が多く、強い不満がある。詳しくは、神代健彦・藤谷秀編（二〇一九）『悩めるあなたの道徳教育読本』（はるか書房）を参照のこと。

同様の構図は、地方の教育政治にもうかがわれる。例えば二〇〇八年の大阪、当時府知事だった橋下徹《はしもととおる》が掲げた「教育非常事態宣言」である。橋下は国の全国学力・学習状況調査（以下「全国学テ」と略）で大阪が二年連続低迷したことを受け、全国で初めて市町村別の調査結果を公開した。これを皮切りに、大阪府内の小中学校では学力向上策が実行されるようになる。また二〇一五年には、全国学テなどの結果を府内の公立高校入試の内申点評定に反映するという施策が断行された。その後さらに、全国学テに代わる内申点基準を決める統一学テとして、府レベルの「チャレンジテスト」や「大阪市統一テスト」など新しいテストが矢継ぎ早に導入されることとなった（濱元伸彦ほか編著二〇一八）。

しかしよく考えると、「学力」――その内実はペーパーテストの点数であり、これもまた問題なのだが――が低いので、その改善策として細かくたくさんのテストをやるというのは、おかしな発想である。テストの点数を上げたいなら、教育に予算を割き、よりきめ細かな教育実践を行うというのが合理的である。また大阪全体の学力レベルの向上という観点から言うなら、わたしたちはすでに、子どもの教育達成（成績）が、親世代の資産と意思のいかんによって強く規定されるという社会の性格・性質（ペアレントクラシー）を知っている。原因が経済格差や貧困、その結果が学習成績であるのなら、結果を改善するためには原因に対処すること、すなわち、経済的貧困についてのケアを模索するのが妥当な発想というものである（社会の問題は社会で解決）。にもかかわらずなぜテストなのか。

考えられることとして一つには、「公正な競争」の演出によって、一部の教育家族の「社会移動」の要求に応えて支持を拡大しようとする政治家、という構図がある。実際、従来の学校別の内申評定では、例えば、「学力」の平均が高い中学校で「三」をつけられた生徒が、低い中学校で「五」がついた生徒よりも「本当は」学力が高いにもかかわらず、しかし高校入試では不利になっている（全体的に学力の低い学校の生徒の方が、内申点で得をする）という可能性は、決してなくはない。そしてその可能性があるというだけで、教育家族を動かすには十分である。子どもを進学校に通わせて「社会移動」をねらう教育家族にとって、それは絶対にあってはならない、許しがたい問題だからである。

これについて言えば、確かに「チャレンジテスト」は一つの処方箋である。「チャレンジテスト」は、中学校のそれぞれ一、二、三年生時に行われる共通テストであるが、特に三年生時のそれは「団体戦」と呼ばれ、その結果によって公立高校入試の際に各校が生徒につけることのできる内申点の評定平均の範囲が決まる。つまりチャレンジテストの成績がよかった学校では、生徒たちにより多くの良好な内申点をつけることができ、悪かった学校はその逆になるということである。それは先ほど述べたような、学校別の内申書評定で「本当の学力」が評価されていないと考える教育家族を満足させる「公平・公正」な教育改革となり得る（ちなみに二〇二〇年度から、「団体戦」方式は中学校一、二年時にも拡大されることとなった）。

しかしそれでも、常識的に考えて、「本当の学力」を正確に測るという施策は、大阪の中学生全体の「学力」の向上には論理的につながらない。テストはあくまで子どもの学習達成を測るものであって、ペーパーテストの点数を上げるものではないからである。むしろそうすることによって、日々の授業がテスト対策に埋め尽くされ、教育課程全体がゆがんでしまったり、そのゆがんだ教育課程のなかで子どもと教師がプレッシャーに押しつぶされるというような負の可能性を、考えないわけにはいかない。

と、教育学的にはそのような説明になるが、そんなテスト理解は、むしろ社会的には少数派かもしれないということが、ここでは問題となる。要するにおそらく大阪では、あるいは日本社会において、テストとは、子どもの達成を把握し、教育制度や実践を吟味するための手がかりではなく、それを課すことによって子どもを勉強へ向かわせ、教師に教育へのさらなるコミットを促す動機づけの道具、「ムチ」として理解されている。そう考えれば、学力低下に対する処方箋としてのテスト改革という発想の謎はとける。

「テストを課せば必死になって勉強して学力も上がるだろう」「結果を公開することにすれば、教師もサボるわけにはいかないだろう」――確かにテストにそのような副次的効果がありそうなことは、みな経験則として理解している。その観点に立てば、確かに「チャレンジテスト」は、「怠惰な」各学校、教師、生徒たちを競争に駆り立てる優れた「ムチ」

になる。またそのテストが「団体戦」であることで、子どもや教師たちは、「自分の成績が学校全体の評価を下げて迷惑をかける」「点数を取れる指導をしないと、学校全体に迷惑をかける」というように、誠実さや責任感を逆手に取られて刻苦勉励することになる。

もっともそれで「学力」が向上するのは、その低さが子どもや教師の怠惰さに由来するという診断が妥当である場合、またその妥当さの程度に応じて、である。さきに述べたように、「学力」の高低はそれぞれの家族の社会階層（経済的格差）に強く依存しているのだから、過剰なテスト主義による「切磋琢磨《せつさたくま》」、要するに精神論にはおのずから限界がある。

そもそもことの発端である「全国学テ」からして、理念としては、学校に通う子どもたちの学習達成を客観的に把握し、手当てすべき学校や地域、事象をあぶり出すためのものだったはずである。それは（少なくとも建前上）子どもたちに勉強させ、学校や教師を追い立てるためのムチではない。だから「追い詰めて動機づける」というテストの副次効果の濫用には正当性がないし、原理的に言って効果も疑問である。残るのは、子どもと教師の双方にとってますます生きづらくなるテスト漬けの学校生活のみではないか。

しかしにもかかわらず、こうした学校不信を前提にした強いリーダーシップの強調が、一定の政治的効果をもつことは疑い得ない。結局、少なくない政治家にとって教育政治の要点は、学校不信の認識がそもそも妥当か、また掲げられた改革の中身が真に実効的か否か、ではない。重要なのは、とにかく改革をやるということ、そしてそれのみなのである。

二　コンピテンシー

叢生《そうせい》する「新しい能力」

では、この教育依存と学校不信は、今後どうなっていくのだろうか？

わたしは、「社会や個人の問題解決の処方箋としての教育」という発想、それゆえの教育依存状態はますます深刻化し、ちょうどその分だけ学校不信もますます深まっていくだろうと予測している。なぜなら、教育において保障すべき達成（個人の能力や人格のあり様）は、ますます社会の必要と緊密に結びつけられ、心理学や経済学の知見を吸収しながら、さらに高度化・複雑化していくというのが、日本のみならず世界的なトレンドになっているからである。それは具体的には、「新しい能力」と呼ばれる能力論の叢生・反省・精緻化として、グローバルに進行している。

「叢生」、つまり、草花が群がって生い繁《しげ》るように、「新しい能力」は多種多様に定義されつつ、日本を含め世界中で流行している。これに類する代表的なものとしては、「生きる力」（文部科学省）、「リテラシー」（ＯＥＣＤ－ＰＩＳＡ）、「人間力」（内閣府経済財政諮問会議）、「キー・コンピテンシー」（ＯＥＣＤ－ＤｅＳｅＣｏ）、「就職基礎能力」（厚生労働省）、「社会人基礎力」（経済産業省）、「学士力」（文部科学省）、「エンプロイヤビリティ（雇用されうる能力）」（日本経営者団体連盟〈日経連〉）などが挙げられる。これらに共通に含まれる要素としては、「基本的な認知能力（読み書き計算、基本的な知識・スキルなど）」、「高次の認知能力（問題解決、創造性、意思決定、学習の仕方の学習など）」、「対人関係能力（コミュニケーション、チームワーク、リーダーシップなど）」、「人格特性・態度（自尊心、責任感、忍耐力など）」があり、共通する特徴として、①認知的な能力から人格の深部にまでおよぶ人間の全体的な能力を含んでいること、②そうした能力を教育目標や評価対象として位置づけていること、が認められる（松下佳代二〇一〇）。

実際のところ「新しい能力」のうちのいくつかは、学校教育の知識偏重を批判する文脈で提起された「思いつき」や「流行」の域を出ない。教育や学校の改革の基礎概念たるに堪えない無内容なものであり、現在ではほとんど使用されていないものもある。そんな泡のように消えていく「○○力」の流行はおくとして、ここでは、一九九〇年代にOECDが組織した現代社会の新しい能力概念を策定するためのプロジェクトであるDeSeCo（Definition and Selection of Competencies: Theoretical and Conceptual Foundations）のキー・コンピテンシーというアイデアに焦点を当ててみよう。このアイデアは、同じくOECDが実施しているProgramme for International Student Assessment（OECD生徒の学習到達度調査）、いわゆるPISAテスト（第四章で詳述）を補完する能力概念として、世界の教育界に大きな影響を与えている。

そもそもコンピテンシーとは、日本語に直訳すれば「能力」である。そのように訳せばよさそうなところ日本ではカタカナで流通しているのは、この語が日本語の「能力」の語にとどまらない、「人格の深部におよぶ全体的な能力」を含んで使用されているからである。さきに、近代社会は能力に応じて人の待遇が決まるメリトクラシーの社会だということに触れたが、そこでの「能力」とは、「人格」とは区別される人間の力量を指していた。その人の「人となり」と、その人が「できること」は区別されていたのである。しかしいまや、その区別は限りなく無意味になっている。人間の労働や生活といった諸活動のなかでより高いパフォーマンスを発揮するためには、さきに触れたような対人関係能力や人格特性のような人格の側面を含めた、人間の総合的な力量が必要という認識が、教育学や心理学、あるいは経済学といった学問のなかで深められてきた。そしてそんな人間の総合的な力量をもとめる風潮は、日本の学校でもごく当たり前のものとなっている。

そしてこれに大きな影響を与えたのが、ＯＥＣＤが現代社会に適合した能力概念を定義するために組織したプロジェクトＤｅＳｅＣｏ、そしてこのプロジェクトの成果としてのキー・コンピテンシーであった。プロジェクトの報告書（Ｄ・Ｓ・ライチェン＆Ｌ・Ｈ・サルガニク二〇〇六）によれば、キー・コンピテンシーとは「社会や個人にとって価値ある結果をもたらすこと」「いろいろな状況の重要な課題への適応を助けること」「特定の専門家だけでなく、すべての個人にとって重要であること」という条件を満たす能力概念であり、「個人の人生の成功（a successful life）」と「うまく機能する社会（a well-functioning society)」の双方に資するものとされる。ちなみにこの場合の「個人の人生の成功」と「うまく機能する社会」には、単に経済的な成功／市場の円滑な作動というにとどまらない、人間としての包括的な幸福、民主主義的な共生社会といった観点も含まれているという。

別言すれば、キー・コンピテンシーとは、「これからの社会をよりよく生き得る個人」であり、かつ、「これからの社会がよりよく機能するために必要な人材」でもあるような人間を、能力という観点から定義するというものである。（ある意味驚くべきことに）そんな「個人の人生の成功」と「うまく機能する社会」という異なる二つの目的に資する能力観・人間像はまったく重なる、あるいは調和的に定義できるというのが、キー・コンピテンシーの主張である。それは具体的には、次の三つのカテゴリーから成り立っている。

一つ目は「相互作用的に道具を用いる」であり、内容としては「A　言語、シンボル、テクストを相互作用的に用いる能力」「B　知識や情報を相互作用的に用いる能力」「C　技術を相互作用的に用いる能力」が含まれる。現代社会においては、「技術を最新のものにし続ける」こと、「自分の目的に道具を合わせる」こと、「世界と活発な対話をする」ことがもとめられており、それゆえにこのような能力が必要とされる。

二つ目は「異質な集団で交流する」である。内容としては「A　他人といい関係を創る能力」「B　協力する能力」「C　争いを処理し、解決する能力」に分けられる。「多元的社会の多様性に対応する」「思いやりの重要性」「社会的資本の重要性」といった現代社会の特徴が、この能力をもとめる。

最後が「自律的に活動する」である。内容は「A　大きな展望のなかで活動する能力」「B　人生計画や個人的プロジェクトを設計し実行する能力」「C　自らの権利、利害、限界やニーズを表明する能力」に分けられ、「複雑な社会で自分のアイデンティティを実現し、目標を設定する」「権利を行使して責任を取る」「自分の環境を理解してその働きを知る」ことのために必要な能力である。

ちなみに松下佳代（二〇一〇）の整理によれば、このようにして定義されるキー・コンピテンシーは、人間の能力を、個人の内部にあるものではなく、個人が世界や道具、他者と出会い相互に影響を与えあう局面に存在するものとして理解している点も特徴的である。それは能力なるものが、個人が所有するものであると同時に、関係のなかで発揮されるものでもあるということを意味する。「能力が関係のなかにある」とは一見して突飛な発想に思われるかもしれないが、現実の生活や労働のなかで人が能力を発揮する時、そこにはつねに広い意味での道具や他者が存在していて、個人はそれらとともに生活や労働を営んでいるという事実は動かしがたいだろう。

やや細かい説明となったが、キー・コンピテンシーの概説は以上である。革新的なのは、このキー・コンピテンシーの策定が、教育の目的・目標となる能力観・人間像を、理想的な社会とその構成者としての個人の像から演繹《えんえき》するものであること、言い換えれば、社会と個人の理想というゴールを設定して、そこから合理的に逆算する形で、既存の教育を吟味・統制するものだという事実にある。コンピテンシーは、既存の教育／学習を、個人と社会の将来の理想像から逆算して、「役に立つ」能力、「役に立つ」教育、「役に立つ」学習へと整理・スリム化する。これを教育のコンピテンシー化と呼ぼう。

そして「役に立つ」ということは実際、大切だ。学校で身につけた能力が社会で「役に立つ」能力であれば、それを保持する人は「役に立つ」人として評価される。そのような評価は、その人自身の社会的地位や待遇を高めるだろう。このこと自体は決して否定されるべきではない。

　また教育のプロセスに内在的に言えば、「役に立つ」とはつまり、学習者が、それを身につけることに意味を感じられるということにほかならない。このように、ある教育／学習に学習者が意味を感じられる度合いを「レリバンス」という。このレリバンスのある教育／学習は、学習者にとっては学ぶ意味がわかりやすい。逆に、大人になってから使うとは思えない高度な計算技能の習熟、膨大な歴史的事実や科学の発見の知識の丸呑み、それで「飯が食える」ようになるわけでもない（そのつもりもない）各種の芸術活動を、ただただ言われるがままにこなし続けるのは、単に苦痛である以上に「意味のない苦痛」である。

　人間は意味のない苦痛にこそ、より大きな苦痛を感じる。だから焼け太りした意味のない教育／学習に代えて、「役に立つ」「意味のある」それらだけにスリム化された学習活動がしっかり組織されるというのであれば、人はそれを望ましいと思うだろう。そんな学習は苦痛ではあったとしても、少なくとも「役に立つ」「意味のある」苦痛だからである。だとすれば教育のコンピテンシー化は、子どもにとって、人々にとって、ある種の「救い」に違いない。

またコンピテンシーが「救い」であるというのは、社会にとってもそうである。もともとコンピテンシーとは、個人と社会の双方にとっての利益を導くものとされているのだから。実際コンピテンシー化された教育／学習が、「働く上で役に立つ」レリバンスをもつとするなら、それは当然、その人を雇う企業にとってもメリットがある可能性が高い。英会話やプログラミングの技能しかり、コミュニケーション能力や問題解決能力しかり、それらをしっかりと身につけた人材は、個人として成功すると同時に会社の発展、ひいては日本経済全体の底上げを可能にするかもしれない（これを経済学では「外部性」あるいは「外部経済」と呼ぶ）。このような「教育の外部性」は、社会が教育に公的資金を投入することを正当化するロジックの一つともなっている。「なぜみんなから集めた税金で、子どもを教育しなければいけないのか」／「なぜなら彼らが能力を向上させることが、ゆくゆくは社会一般の利益を生み出すからだ」というわけである。

そして、このようにして個人と社会双方にとっての利益となる教育のコンピテンシー化は、それが首尾よく達成されたなら、学校教育自体の正当性を基礎づけることにもなる。教育のコンピテンシー化によって、学校で獲得される能力が社会で生きて働くために本当に必要な能力と一致するなら、学校教育は、「個人の人生の成功」と「うまく機能する社会」を約束する存在として、わたしたちの深い敬意と感謝を集める存在になるだろう。

しかし、事はそう簡単ではない。

コンピテンシーのご利益《りやく》？

実際、このコンピテンシーないし「新しい能力」一般には、とりわけ教育社会学者からの厳しい批判が寄せられていることにも、ぜひとも一瞥《いちべつ》をしておきたい。

例えば第一章でも触れた本田由紀（二〇〇五）は、これら「新しい能力」を「ポスト近代型能力」と呼ぶ。それは従来型の、知識の量や訓練によって獲得できる技術・技能の程度ではなく、コミュニケーション能力、創造性、問題解決能力、「地頭《じあたま》」のような、人格的な側面まで含めた人間の把握の仕方を意味している。そしてそのような能力概念を軸に成立する生きづらい社会を、本田は「ハイパー・メリトクラシー」の社会と名づけた。「ハイパー・メリトクラシー」の社会とは、個人の業績によってその人の地位や待遇が決まる社会であるメリトクラシー社会が、より「むき出し」になった苛烈な社会である。そこでは、人間が人格的な、つまり人間の深く柔らかな部分までを含めて評価され、恣意的に選別され、労働力として動員・活用されることになる。

具体的に考えよう。例えば、現代のグローバルな職業社会において必要なのは「コミュニケーション能力」だと主張する人は多い。その言い方は明らかに、個人の人格的な側面を含んで評価対象としている。しかし仮に就職面接でそのような基準が示されたとして、面接官は「コミュニケーション能力」なるものを本当の意味で理解し、また目の前の志願者のその度合いを見切る基準や能力を備えているのだろうか？　結局のところ面接官も志願者も、それがなんなのかはよくわからないままに「なんとなく」の経験則で採用が決まるという方が実態ではないだろうか？　それはつまり「新しい能力」による選抜が、極めて不明瞭で恣意的なものである可能性を示している。

さらに本田は、「ポスト近代型能力」のような不定形の能力は、学校では形成されにくく、家庭の教育環境に大きく依存するという可能性も指摘する。それは極端に言えば、就職面接で評価されているのは個人の能力ではなく「育ちのよさ」であって、そのことがひいては階層を「再生産」しているということ、つまり、もともと社会的地位が高く収入の多い階層の家庭に生まれた「育ちのよい」子ほど就職面接で有利となり、結果、親と同じかそれ以上の社会的地位につきやすい社会が実現しているということである。極めて不定形であやふやな能力概念のもとで営まれる「なんとなく」の選抜が、新卒者を振り回し、また階層格差を固定化しているというならば、それは重大な問題である。

また同じく教育社会学者の中村高康（二〇一八）は、そもそもそのような「新しい能力」自体がほとんど実体をもたない空虚な概念であるとする。抽象的な能力の類いを厳密に測定することはできないし、実際の学校や社会で採用されている能力（観）は、その社会の文脈に応じて恣意的に決まっているというのである。それだけではない。さらに深刻なのは、そもそも近代社会は、その時々で採用されている能力観に絶対に満足せず、つねに人間の選抜・配分の要としての既存の能力の信ぴょう性を疑い、「本当の」「新しい」能力をもとめ続けるという性格をもっているという点である。平たく言い直せば、社会がもとめているのは実は新しい能力ではなく、「これからの時代／社会は、新しい○○の能力が必要だ」という議論（おしゃべり）それ自体であるというのが、中村の診断である。

つねに学校に注文をつける教育依存症患者たちはもちろん、愚直にその期待に応え、学校教育を子どもと社会にとって少しでも意味あるものにしよう、意味ある能力をきちんと身につけられる場にしよう、というタイプの教育学者や教師からみれば、中村の主張はずいぶん悲観的で腹立たしいものにみえるかもしれない。しかし現代社会と学校や教育がとり結んでいる錯綜《さくそう》した関係を読み解く上で、彼の議論は確かにすっきりした見通しや説明を与えているように思う。

結局わたしたちは多かれ少なかれ、大きく変動していくと言われる近い将来の社会を生きぬくこと、そこで継続的に利益を上げていくことについて、ぬぐいさることのできない不安を抱えているということなのだろう。だからそんな社会を迎える上で、古い能力観、いま現在巷《ちまた》で採用されている能力観を強迫的に反省（批判）しつつ、それを超えた「これを身につければ大丈夫」「これを身につけた人を雇えば安心」という能力論をもとめてしまっている。しかし、さきの議論に戻って言えば、「意味のある」能力や教育／学習とは、つまりはコンピテンシー／新しい能力とは、そんな教育依存症患者に売りつけられた、一時的な「精神安定剤」か、いかにもご利益のありそうな「お守り」にすぎないのかもしれないということである。

形骸化する学び

さらにこの教育のコンピテンシー化は、個人と社会の未来の幸福を必ずしも約束しないだけでなく、現在の教育をも貧しくするかもしれない。これについては、コンピテンシー・ベースの教育を安易に実装して社会の要求に即応するかにみえる力量やスキルを直接的に育成しようとしても、それはかえって教育を形骸化させる可能性が高いと主張する、いくつかの有力な議論がある。少し敷衍させながら紹介しよう。

まずコンピテンシー教育論のなかでキーワードとなる○○力、例えば、コミュニケーション能力で考えてみよう。普通、コミュニケーション能力と言われる場合、それは明らかに、長く顔見知りの特定の誰かとうまくやれる能力のことではない。それは必然的に、いつどこでどんな状況で誰が相手であっても意思疎通ができる力を意味している。

しかし常識的に考えて、いつどこでどんな状況で誰が相手であってもうまく意思疎通できるというのは、あまりに高い要求ではないだろうか。それはもうなにか個別の能力やスキルをもっているということではなくて、その人が人間として（?）端的にすごいというだけのことである。だから「コミュニケーション能力をつけろ」という言い方は、しばしば、「わたしにもそれがなんだかよくわからないが、ともかくわたしの想像を超えた力を身につけてみせろ」と言っているに等しい。

なぜコンピテンシーはかくも抽象化してしまうのか。理由は簡単である。わたしたちの社会は、社会それ自体の流動性や不確実性の高まりの前に、その処方箋として、教育を通して次世代を育てるという方策に依存している。ただし、そもそも予見不可能な未来社会を前に、具体的にどのような力量が役に立つかをわたしたちは判断することができない。「変化の激しい」「予測できない」「不確実な」社会とは、近年の教育語りにおいて頻繁に登場する社会像であるが、そんな社会に必要な個別具体的な知識や技術・技能をあらかじめ定義しておくことは確かに不可能だ。まして、これからやってくる未来社会において必要とされる知識や技術・技能など、なおさらである。だからそこで設定される教育目標、もとめられる人材像はいきおい、より全体的・全人格的・一般的なものへと膨らんでいく。なんだかよくわからないが、とにかく、特定の定められた文脈においてだけではなく、どんな局面に至っても有効な能力、というように。

そのような無理難題が通ればよい。しかし、一般的・抽象的スキルを直接的に学習目標として設定し、またそれを評価するような授業は、子どもの思考を型にはめ、学習活動の形式化・空洞化をもたらす危険性がある（石井英真二〇一五）。コミュニケーション能力にしろなんにしろ、多くのコンピテンシーの類いは、それを無理やり学習目標として落とし込むと、逆に授業（学習）が、「これとこれとこれをこの順番でやれば、○○力がついたことになる」、という手続きへと変質してしまう。あまりに一般的・抽象的な目標を掲げつつその達成を強いると、実際の学習過程では、むしろその抽象的な目標の方が達成可能な手続きのレベルに引き下ろされてしまうのである。

この点については、近年流行している探究型学習に対する子安潤（二〇一八）の危惧も重要である。探究型学習とは、教科書や一般的な教材への取り組みだけでなく、フィールドワークや実験なども含んで、子どもが自ら掲げた問いに自律的に回答を与えていく学習の型である。後述する「資質・能力（日本版コンピテンシー）」の育成を可能にする手法として、高校を中心に実践化・制度化されつつある。これについて子安は、①どの教科でも学習過程が課題把握、課題追求、課題解決、などといったステップへと画一化されてしまう可能性がある、②客観的な知識を問い直す視野をもたない、一方的な見方を発見「させる」だけの学習になりかねない、とする。また、③「探究」のプロセスが問題追究の汎用的スキルになるという信念は、必ずしも確かめられていないものであることも指摘している。

さらに教育哲学者の松下良平も、日本版コンピテンシー論における「知識の軽視」に警鐘を鳴らしている。松下は、昨今の教育界において、本来的な意味での「知識」と記号化された「情報」が混同されていると主張する。「実践の結果としていわば身体に刻み込まれているものであり、個性的なものを含み、つねに生きて働く」ものとしての知識は、「情報流動化社会」においてこそむしろなお一層必要となるにもかかわらず、コンピテンシー・ベースの標語の一人歩きが、その意味での知識を不当に低く評価しているという(松下良平二〇一九)。

実際、インターネットの普及を背景に、「ネットですぐ調べられるのに、わざわざ暗記するのは無駄」といった暗記不要論はしばしば聞かれる。しかしこれについては、日本と同様に教育のコンピテンシー化が進んだイギリスで行われている反論にも耳を傾けておきたい。D・クリストドゥールー（二〇一九）は、（松下の言う）「身体に刻み込まれた」知識、つまり「長期記憶」は、人間の知的なプロセスを成り立たせる基本部分だと主張する。わたしたちがものを考える時に使用する一時的な記憶である「作業記憶（ワーキングメモリー）」は、一度に三〜七の新しい情報しか記憶できない。だからインターネットでその時調べた情報がその数を超えた時、わたしたちの知的プロセスは一気にうまくいかなくなる。これを克服するためには、必要な情報が「作業記憶」を占領せずに、「長期記憶」としていつでも取り出せる状態になっていることが必要である。つまりわたしたちは、ある程度の暗記した知識の上でこそ、より深い思考が可能になる。実際それほど難しく考えなくても、いくらインターネットで調べればわかるとはいえ、すべてのことをいちいちネット検索しながらなにかを考えるのは非効率であるし、思考も表層的になるだろうというのは、直感的にというか、常識的に考えて、納得できることのように思われる。

このように少なくない研究者は、研究関心やコンピテンシーに対する立場は微妙に異なるが、いずれも、雪崩を打つようにコンピテンシーへと傾き、結果としてコンテンツ（知識など、なにを教えるか）を軽視する方向にある教育界を、危機感をもってみているようである。いくらコンピテンシーが世界的潮流であっても、日本社会がこれをもとめているとしても、これらの危惧は決して看過されるべきではない。

もちろん教育のコンピテンシー化が、既存の暗記教育やドリル学習による「歩く百科事典」「歩く計算機」養成から区別される「進歩性」をもつことを、認めないわけにはいかない。しかしそこから逆の極端に走り、コンピテンシーこそが「個人の人生の成功」と「うまく機能する社会」というバラ色の未来を約束するかのような議論には、やはり警戒が必要である。むしろそのことによってかえって現在の学校の学びが形骸化していくというリスクを、過小評価すべきではない。

三　教育的な、あまりに教育的な

資質・能力としての子ども

では次に、グローバル世界で流通するコンピテンシー一般から目を移し、その影響下にありつつ独自の変遷も遂げつつある日本の教育改革を、もう少し具体的に点検してみよう。検討の焦点となるのは、二〇一七・二〇一八年に改訂され、二〇一八年度の幼稚園以降、順次各学校段階で完全実施となっている新しい学習指導要領、なかんずくその目玉の一つとも言えるアイデア、「資質・能力」についてである。

すでに述べたように、日本の学校の教育課程もコンピテンシーの世界的流行を受け、独自のコンピテンシー概念を提起している。この日本の学校教育版コンピテンシーが資質・能力である。その内実は必ずしも明示的ではないが、二〇一六年の中央教育審議会答申では、①「何を理解しているか、何ができるか（生きて働く『知識・技能』の習得）」、②「理解していること・できることをどう使うか（未知の状況にも対応できる『思考力・判断力・表現力等』の育成）」、③「どのように社会・世界と関わり、よりよい人生を送るか（学びを人生や社会に生かそうとする『学びに向かう力・人間性等』の涵養）」の三つの柱が示されている。

三つの柱を一見してわかるのは、コンピテンシー論一般との共通性である。例えば、知識や技能を「活用する」ことを強調する①と②の柱からは、活用重視のいわゆる「PISA型学力」への対応を介した、キー・コンピテンシーの影響が顕著である。また③からは、人間の人格的な、つまり人間の深く柔らかな部分を含めて人間を把握しようとする意図がうかがわれ、この資質・能力が「ポスト近代型能力」であることがわかる。この三つの柱によって構成される資質・能力を育てることが、二〇一七・二〇一八年改訂学習指導要領のなかでは、日本の学校の教育課程の目的・目標として重視されている。このように普通の意味での「能力」に加えて人格的な要素をも含みこんで理解される資質・能力とは、まさしく「子どもをまるごと」捉える枠組みにほかならない。資質・能力とは、ある種の「力」として捉えられた「まるごと」の子どもなのである。

そのような子ども観は間違いなく、日本社会の最大公約数的な「学力」なるものの理解に対して、わかりやすい革新性を演出する。教育学における「学力」の語はじつのところ百家争鳴で安易な要約を許さないが、一般的に言われるそれは、断片化された知識や技能の量的な蓄積、くらいの意味であろう。そしてそれは、社会で役に立たず、受験が終われば剝がれ落ちていく（そしてそうであっても別段さしつかえない）知識や技能にほかならない。社会的な活用の文脈に即した、また精神や人格を含む形である種「人間化」された力量としての資質・能力とは、個人のなかに蓄積される「貯金」のような知識や技能の量ではなく、子どものうちに「血肉」化した「力」そのもの、その限りで、子どもそのものなのである。そのようなポスト学力としての資質・能力は、教育改革の社会的合意を調達する上で、少なからず有効なイメージを提供しているように思われる。

それはつまり、（予定調和的な）理想的な社会と個人の像から、必要な能力観・人間像を抽出して教育の目的・目標におきつつ、そこから逆算して既存の教育を「意味のある」ものへと統制・再構築していくという、キー・コンピテンシーその他「新しい能力」論のロジックが、有効に作用しているということでもある。受験を過ぎれば使い道のない知識や技能はそもそも不要だ、というわけである。

ただし同時に着目したいのは、キー・コンピテンシーにみられるような「大人の」個人と社会の調和的能力観・人間像からの演繹という枠組みを受ける形で、資質・能力をめぐる諸議論においては、コンピテンシーが子ども期の学びのデザインに落とし込まれ、ある種の子ども中心主義的な言説として再構築されている点である。資質・能力論、またその資質・能力を鍵概念とする学習指導要領——それは幼稚園、小学校、中学校、高等学校の学校段階ごとに作られている——は、現代の有能な大人の能力としてのキー・コンピテンシーを、人生の各段階（各学校段階）においてもとめられるそれぞれの形に落とし込む。キー・コンピテンシーは学力を「人間化」したが、資質・能力はそれを（文部科学省が考える意味での）「子どもの発達の筋道」に即して再定義したと言える。

また資質・能力の教育課程が策定されるのと並行して推進された、国立教育政策研究所の研究も興味深い。さきの中央教育審議会答申にも影響を与えたとされる、同所編の『資質・能力　理論編』によれば、資質・能力とは、子どもがもっている「方法知」と「内容知」の融合したものにほかならない。子ども（学習者）は、新しい学習の際、自らの資質・能力（手持ちのスキルを用いて対象にどのように取り組むか＝方法知）を使って、学習に取り組む。そのことによって学習者は、取り組みの対象についての知識（内容知）を得る。そしてその内容知は、さらに新しい学習に取り組む際の新しい方法知となるという（国立教育政策研究所編二〇一六）。

ここで重要なのは、この資質・能力論が、「白紙」としての子どもに教師が知識や技能を教え込むという教育観を拒否して、子どもが本来もっている学ぶ力（方法知としての資質・能力）を重視している点である。のみならず、そんな学ぶ力が、学ぶことそのもの

（対象の内容知の獲得）によってますます引き出され、ますます卓越化していくという、子どもの自律的な自己教育／学習の運動を強調する点にも注目したい。さらにそこには、子どもが自律的に自身の学びを自己調整していく働きとしての「メタ認知」も含まれている。子どもは、なにかを学ぶと同時に、学び方を学ぶ（よりよい形に調整する）のである。

だから資質・能力の教育論は、子ども中心主義の教育である。子ども中心主義とは、第一章で触れた二〇世紀初頭の「童心主義」を一つの背景としながら成立した教育観にほかならない。それは、教師主導の強権的な押しつけを排して、子どもの自主性、主体性、興味関心、適性、あるいは子どもの生活に即して教育の内容と方法を再構成しようとするものである。さきに触れた大正自由教育（新教育）こそは、まさに日本におけるその嚆矢であった。言ってみれば資質・能力とは、そのような教育の中心にあるべき子どものありようを、心理学を中心とする子どもについての科学的知見によって再構成した、現代版子ども中心主義と呼ぶにふさわしい。

資質・能力こそは、つねに学び育ちつつある「力」として捉えられた「まるごと」の子どもそれ自体である。だとするならば教育課程、なかでも各教科の授業の系列は、そのような学び育ちつつある「力」としての子どもの、その学び育つ「力」をどのように引き出し増大させていくか、という問題構制を追求することになる。

ここで再び学習指導要領やその解説から浮かび上がるのは、資質・能力と連動するコンセプトとしての「主体的・対話的で深い学び（いわゆる「アクティブ・ラーニング」）」である。毀誉褒貶《ほうへん》の相半ばするこの概念についての、歴史的背景を含めた詳細な検討はほかにゆずるとして（例えば小針二〇一八参照）、ここでは必要な限りで説明を加えておこう。

この標語が主張される背景には、「教師の一方的な説明について子どもが黙々とノートを取り続ける」「ときおり教師の発問に児童生徒が答える一問一答式のやりとりを挟みつつ、淡々と進んでいく」というような、「教師主導」の、「子どもが主体性や能動性を発揮できない受動的な従来型の授業」という改革・改善されるべき現状の想定がある。子ども（学習者）が「受け身」になってしまう現行の授業を、子どもが自ら対象に取り組み、他者と協働する、能動的で活動的な新しい授業に転換していくというのが、この標語の意図するところである。具体的には、書く、話す、発表するなど子どもが発信〔外化〕する活動、他者と協働しつつ自ら問題を発見しまた解決を探るような問題解決学習・探究型学習などが重視される。さきに触れたように探究型学習とは、教材などだけでなくフィールドワークや実験なども含んで、子どもが自ら掲げた問いに自律的に回答を与えていく学習の型である。そのような一連のプロセスのなかで子どもは、手持ちの知識や技能を用いて他者と協働しながら対象と関わり、その過程で資質・能力を増大させていくことになる。

また学習指導要領をみれば、最初に目につくのはその形式美である。どの教科もその内容が資質・能力と教科の形式に整然と落とし込まれており、その字面は極めて調和的で「美しい」。「言葉による見方・考え方を働かせ、言語活動を通して、国語で正確に理解し適切に表現する資質・能力を次のとおり育成することを目指す」〔小学校国語科〕、「社会的な見方・考え方を働かせ、課題を追究したり解決したりする活動を通して、グローバル化する国際社会に主体的に生きる平和で民主的な国家及び社会の形成者に必要な公民としての資質・能力の基礎を次のとおり育成することを目指す」〔社会科〕といった具合に、「○○の見方・考え方を働かせ、△△の資質・能力を育成する」という形式に統一された文章からは、「教育において重要なのは、教科の内容（広義の文化や科学）ではなく、それを媒介にした子どもの資質・能力の卓越化である」という強い意識がうかがわれる。

逆に言えば学習指導要領においては、「それを知ること自体に価値がある」というような、教科内容（コンテンツ）それ自体の価値をある種エゴイスティックに主張する余地はほとんど残されていない。すべての教科内容は、「それはいったいどんな資質・能力を、どのように育てるのか？」、ひいては「どんな風にして個人の人生の成功とうまく機能する社会を約束するのか？」という仕方で、その「有用性」「意味」を問われる。少し落ち着いて考えてみれば、ものごとの価値とは、個人や社会の役に立つ（有用性）だけでなく、ただそれが事実であること（真理性）、有用性に必ずしも還元されないよさを示すこと（道徳性）、人間を魅了しその人生のその瞬間を豊かにすること（美・芸術性）など多様に考えられるだろう。逆に多様な価値のありようが、「役に立つ」という事柄の内実を変えていくのだとさえ言えるかもしれない。しかしそのような多様な価値（文化遺産）への出会いは、ここでは必ずしも重視されていない。すべてのコンテンツは、資質・能力（「力」としての子ども）の育成に捧《ささ》げられているのである。

そしてこれら学習指導要領の新しいコンセプトを総合すると、以下のような子どもの育ち、資質・能力の増大の道筋が見出されてくる。

資質・能力の視座において、子どもとは、生まれつき学び育つ力をもった存在である。彼らは自律的に学ぶ存在であると同時に、学び方を学び、不断に自己を調整していく。彼らの前には、無駄を排して美しく整除された教育課程（カリキュラム）がある。子ども（資質・能力）は、そのように調和的に組織された教科の世界を、自律的に、意欲的に、試行錯誤しながら、らせん状にくぐり抜けていく。学ぶことが、次の学びを拓《ひら》く。子どもたちは「学習する生き物」となって、環境世界（教科）との「同化と調節（ピアジェ）」を繰り返していく。そのことによってますます彼らは、自己自身をより卓越した資質・能力へと自己形成していく。その果てに彼らは、自分自身の人生の成功を獲得する。そして彼らは、うまく機能する社会の担い手として、社会のスムーズな作動を支えていく。そこでの教師の仕事とは、ただ適切に環境を整え、余計なことをしない、ということなのである。

なんと美しく完成された生き方だろうか——そう思うと同時にしかし、そのようにして定義された完璧な生を生きることの息苦しさ、居心地の悪さを思わずにはいられない。

約《つづ》めて言えば、資質・能力を核とするカリキュラムは、それ自体が「人間の善き生の形式」とでも呼ぶべきものを定義しようとしている。これは、かつての学習指導要領が、子どもたちに学ばせるべき内容（コンテンツ）を定めていたことと対比的である。いまや資質・能力の学習指導要領が定めているのは、なにを学ぶかではない。それはいまや、子どもたちはどのように学ぶべきか、ひいては、どのように生きるべきかということを定めている。資質・能力は、「自然な」「本来の」子ども期を始点として、グローバル世界のなかでよりよく生きる個人／有効に機能する社会の担い手としての能力観・人間像が終点となるような、また、そのプロセス自体が順接的で無矛盾かつ合理的に構成されている、「人間の善き生の形式」を規範的に含みもっている。資質・能力とは、社会と調和的な一貫した人間の「まるごと」の生の形式、それも、より積極的に価値づけられ得る卓越した生の形式を定義しようという欲望の表現にほかならない。

理想の教育、理論値の子ども

このような人間の善き生の形式について、わたしたちはどう評価すればいいだろうか。

じつのところわたしは、資質・能力に対して、「本来の教育から外れた教育」「ゆがめられた教育」「非教育的な教育」などと排撃するような、一般的な教育語りでしばしば生まれる否定の所作を繰り返すべきではないと思っている。それどころかわたしは、資質・能力やコンピテンシーが描く教育／学習論のことを、「真の教育」「純化された教育」とすら、呼んでもよいと思っている。――「個人の人生の成功」と「うまく機能する社会」に必要な人間像・能力観を定義し、それを子どもの発達のプロセスに落とし込む。そのプロセスにおいて、苦役でしかなかった「無意味」な暗記や単調な技能訓練（ドリル学習）がそぎ落とされていく。そのプロセスをらせん状に通過する過程で、子どもは、本来の学び育つ力を解放され、否むしろ、一つの学び育つ力そのものとなり、自己自身をますます高度化していく、学びの自己運動そのものとなる――それを教育が夢みてきた、真の教育、教育なるものの理想と呼ぶことに、わたしはじつはそれほど躊躇がない。

ただし、教育が教育として純化・高度化していくことと人間の幸福は別である、という点を措いてならば、だが。

問題の第一は、社会の要請に愚直に応えようとしてあまりに純化・高度化した教育論は、子どもという存在、あるいは人間というものの可能性を、あまりに高度に想定しているということにある。

確かに人間は、また子どもは、生まれつき主体的に学び育つ力をもった、「能動的」で「有能」な学習者である（稲垣佳世子・波多野誼余夫一九八九）。彼らは自律的に学ぶ存在であると同時に、学び方を学び、不断に自己を調整していく存在（自己調整学習者）である。またこのような子ども観は、「所定の知識や技能の習得ではなく、学習者がモノや人を媒介とする活動を通して意味と関係を構成する学び」（佐藤学一九九六）という考え方を中心に教授／学習活動を考える、いわゆる構成主義的学習観と整合的である。それは、教科書に書かれた知識を子どもに伝達する――子どもは受動的に知識を獲得する――という伝統的な教育観を否定する。むしろ知識とその意味は、学習者がモノや他者と試行錯誤しつつ関わるなかで、学習者自身によって主体的に生み出される（構成される）ということになる。そしてその子どもは、モノや人を媒介としてつねに新しい知識を生み出し続け、また自己自身を絶えず卓越化させ続ける。そのことによって、個人としての成功に加えてよりよい社会に貢献する。これらすべては確かに、近代以降のいわゆる進歩的な教育思想に共通の理想であり、教育の制度や実践が目指してきた「夢」ですらある。

しかしそんな理想的な学び、あるいはその理想的な学びの連続としての育ちとは、あくまで、抽象化された理念上の人間が、理論的に推定された能力の最大値、ある種の「理論値」を発揮し続けているという想定のもとでのみ可能な事柄にすぎないのではないか。現実の子どもの育ちはつねに予想外の中断や逸脱、後退を含んでいる。それは子どもの現実の生活が、つねに揺れ動き、揺蕩《たゆた》っているからにほかならない。しかし子どもの学び育つ力を最大限に肯定する資質・能力も、また社会を生きる上で／社会にとって有意味な教育課程も、そんな現実の子どもの生の不確実性に伴走するには、あまりに高度かつ過大である。資質・能力としての子どもには、前進／向上／増大／高度化のみがあって、後退／停滞／減少／以前にできたことができなくなるということがない。誰も気づかなかった問題を発見し、大量の情報を自由に駆使して、複雑高度な活動をやりこなし、困難にぶつかるや否や、誰も思いもしなかったイノベーションをやってのけ、確実に成果を打ち立てる力であり、存在でもあるようなもの、それこそが資質・能力である。

もう少し実態に即して言い直そう。

新しい学習指導要領は、「主体的・対話的で深い学び」、いわゆるアクティブ・ラーニングを念頭においた授業を強調している。教師の教え込みを排し、子どもの主体性や協働性を尊重し、子どものうちに生きた知のネットワークが構成されること（深い学び）は、なるほど重要であり魅力的でもある。ただしこの指導要領の改訂に関わって、文部科学省は一貫して「学習内容の削減は行わない」ことを強調してきた。この背景に、文部官僚の側での、「考える力」をうたった「ゆとり教育」が被った厳しい批判のトラウマがあるだろうことは容易にうかがえる。そして実際教育内容は、削減しないどころかむしろ増えている。例えば、さきに触れたように二〇一八・二〇一九年度に小学校と中学校でそれぞれ「特別の教科　道徳」が完全実施となったほか、二〇二〇年度からは小学校英語（外国語）が教科化されている。その他、理数教育、言語能力の育成、伝統文化の教育、主権者教育、消費者教育、そしてプログラミング教育など、教育／学習内容は増えこそすれ、減ることはない。明らかに教育は、質・量ともに増加・高度化・高密度化している。

結局、子どもにもとめられているのは、これまで以上の学習内容を、単に丸暗記するのではなく意欲をもって活用すること、そのことによって力としての自分自身を確実に高度化していくことなのである。それはほとんど、「ゆとりの詰め込み」と呼ぶにふさわしい事態である。

そしてこのような教育課程の質・量の増加・高度化・高密度化を踏まえた時、資質・能力の強調は、表面的には希望にあふれた、しかしその内実は極めて残酷なコンセプトのように思われる。なぜなら資質・能力論は、「子どもの学び育つ力が発揮されれば、理論上、そのような高度な生を生き抜くことは可能だ」と、そのように主張するものと考えざるを得ないからである。理想的な子どもの理想的な学習活動を想定するならば、つまりは「理論値」で考えるならば、それはおそらく正しい。しかし、理論値ぎりぎりいっぱいで回る教育課程を実装すればどうなるか。実際には、あまりに高度に組織された教育課程は、子どもの学びをうたいながら、うまく学び得ない子どもを振り落としながら進む、巨大な選抜機械に変質していきかねない。それがとりわけシビアになるのは発達障害を抱えているなど特別なニーズをもった子どもたちだろうが、そうでなくとも、一切の「行きつ戻りつ」が許されていない、高度かつ高密度の教育課程を淀《よど》みなく弛《たゆ》みなく歩むことは、子どもも期を生きることそのもののハードルを高めてしまうのではないか。

純化した理想の教育の中心としての資質・能力、それは、子どもの顔をしていない。

四　救世の「小さな企業家」

「子どもたちよ、わたしたちを救いたまえ」

少し不用意に、込み入った話をしてしまったかもしれない。

細部はともかく本章で読者に伝えたいのは、わたしたちの社会が、「個人の人生の成功」と「うまく機能する社会」の両方を教育に期待していること、否むしろ、期待過剰、依存状態にあること、そして／にもかかわらず、それに愚直に呼応する形で純化・高度化した教育論としてのコンピテンシー、あるいは資質・能力論の内実についてであった。

いったいなぜ、そのように美しくも残酷な教育論が流行してしまうのか。

月並みな言い方だが、それはつまりは、わたしたちの社会がさまざまな意味で危機だからである。一九九〇年代以降三〇年ほどにわたり、日本社会は低成長時代が続いている。

バブル経済の崩壊以降、内需は冷え込み、生産性は低下し、少子高齢化にも歯止めがかからず、地方は疲弊を極めている。東日本の震災による被害、また原発事故による放射能汚染は、日本の科学技術と政治への信頼を失墜させた。グローバリゼーションと構造改革の結果、人々の格差は広がり、ヘイトスピーチに象徴される差別や偏見も根強い。そんな時代のそんな社会全体が、それでもよりマシな未来への希望をつなごうとした時、期待の行く先が、これからを生きる新しい世代であり、彼らを育てる教育であるということは、なるほどよく理解できる。

だから現代の教育論は、疲弊した社会に宿った救世主待望論にほかならない。わたしたちはわたしたちの子どもに、わたしたちを救ってほしがっている。わたしたちの希望をイノベーションして、わたしたちのメシア（救世主）となってほしいと願っている。教育依存とは、救世主を待ち望む欲望であり、資質・能力論とは、メシアを生み出す教育の実装の試みである。

もちろんこのように言うことは、資質・能力が子どもたち自身の幸福を願うものでないことを意味するわけではない。わたしたちは、自分たちの社会の安寧のための道具としてのみ子どもたちを扱おうというほど非道ではない。事実コンピテンシーが、「個人の人生の成功」をうたっていることは、そのことの証左である。ただ、次の時代を予測できるほどの先見性がなく、次世代の幸福を保障し得るほどの余力に欠けるわたしたちは、子どもたちに、予測不可能な時代を予測し、自律的かつ柔軟に生きること、そのことによって自分自身の幸福と社会の安寧を達成するようもとめている。

小さな企業家

だから小さな資質・能力たちは、わたしたちの社会と自己自身が生き延びる可能性をイノベーションする、「小さな企業家（アントレプレナー）」であることを求められる。人々の理想のなかで、彼らは、自らの資質・能力という資本を自律的に活用し続けることによって、自己自身を卓越化していくエンタープライズ（企業体）である。そのことによって彼らは、自分自身の人生の成功を自分自身でつかみ取る。余力のないわたしたちが、彼らを助ける必要などない。彼らは、資質・能力としての自分自身を、自分自身で投入する資金と努力によってつねに高め続けていく。

もっとも現代の企業は、自己利益の追求のみを目的として行動してはならない。彼らの自己教育運動＝資本蓄積は、自己利益と同時に、うまく機能する社会の一員であること、その限りでの「企業の社会的責任（ＣＳＲ）」を負っている。そして願わくばイノベーションを通じて、新しい市場経済の局面を切りひらくことが期待されてもいる。それは社会の側からみるならば、そこから社会が最低限の維持コストで――なにしろ、自己責任で自分自身をメンテナンスしてくれる――最大限の価値をくみ取ることのできる、極めて効率のよい「資源」としての人間の誕生にほかならない。

目先が利く評論家たちが言うように、確かにわたしたちの前には、変化の激しい、見通しの立たない、「予測できない未来」（中央教育審議会教育課程企画特別部会「論点整理」）が待っている。予見不可能な未来社会を前に、どのように準備すべきか、現在のわたしたちは判断できない。不安である。しかし心配はいらない。わたしたちの子どもたちは、旧型のわたしたちではとても太刀打ちできないだろう、いまだ明らかでないその時々の社会の要求にフレキシブルに即応して、「個人の人生の成功」と「うまく機能する社会」を実現する、資質・能力としての子どもなのだから。

——当然、そのようなメシアニズム（救世主信仰）、そして現実に救世主を人為的に作り出すと言わんばかりの教育改革には、問題が付随する。

社会の膨大・複雑かつそれら自体矛盾したさまざまな要請に応えて純化・高度化した教育を構想する時、同時に、その教育を受ける子どもに期待し得る達成の度合いを高めてしまうことの害悪は、十分に考えられるべきではないか？

それはつまり、教育への（過剰な）期待に対する応答責任を、子どもに、また、子どもと実際に相対する教師に過剰に負わせることになりはしないか？

結果として、子どもの「理論値」すり切りいっぱいで設計される教育システムがうまく回りそうもないことは、じつは明らかなのではないか？

その時、資質・能力の教育システムは、たまたま生まれつき資質・能力の初期値が高い、救世主／自己責任の「小さな企業家」をみつけ出すための巨大な選抜機械以外の、なにものでもなくなってしまうのではないか？

後に残るのは、いちいち世界の強度に打たれて立ち止まることもなく、ただその表層をすべるようにして生きる合理的な「勝ち組」と、学び得なかったことを自己責任として受任していく「負け組」、そうやって形成される分断された社会にすぎないのではないか？

そしてこのリスクの責任は、誰が負うのか？

参照文献

石井英真（二〇一五）『今求められる学力と学びとは―コンピテンシー・ベースのカリキュラムの光と影』日本標準
稲垣佳世子・波多野誼余夫（一九八九）『人はいかに学ぶか―日常的認知の世界』中央公論新社
乾彰夫（一九九〇）『日本の教育と企業社会―一元的能力主義と現代の教育＝社会構造』大月書店
神代健彦・藤谷秀編（二〇一九）『悩めるあなたの道徳教育読本』はるか書房
D・クリストドゥールー（二〇一九）『七つの神話との決別―二一世紀の教育に向けたイングランドからの提言』松本佳穂子ほか監訳、東海大学出版部
国立教育政策研究所編（二〇一六）『資質・能力　理論編』東洋館出版社
小針誠（二〇一八）『アクティブラーニング―学校教育の理想と現実』講談社
子安潤（二〇一八）「パターン化する授業を変える―探究学習へのシフトに抗う」（教育科学研究会編『教育』八七一号、かもがわ出版）
佐藤学（一九九六）「現代学習論批判―構成主義とその後」（堀尾輝久・須藤敏昭ほか編『講座学校五　学校の学び・人間の学び』柏書房）
中村高康（二〇一八）『暴走する能力主義―教育と現代社会の病理』筑摩書房
濱元伸彦・原田琢也編著（二〇一八）『新自由主義的な教育改革と学校文化―大阪の改革に関する批判的教育研究』明石書店

広田照幸（二〇〇五）『教育不信と教育依存の時代』紀伊國屋書店
本田由紀（二〇〇五）『多元化する「能力」と日本社会―ハイパー・メリトクラシー化のなかで』NTT出版
松下佳代（二〇一〇）「序章〈新しい能力〉概念と教育」（松下佳代編『〈新しい能力〉は教育を変えるか―学力・リテラシー・コンピテンシー』ミネルヴァ書房）
松下良平（二〇一九）「「主体的・対話的で深い学び」の計り知れない困難―見失われた可能性を求めて」（グループ・ディダクティカ編『深い学びを紡ぎだす―教科と子どもの視点から』勁草書房）
D・S・ライチェン&L・H・サルガニク（二〇〇六）『キー・コンピテンシー―国際標準の学力をめざして』立田慶裕監訳、明石書店
D・ラバリー（二〇一八）『教育依存社会アメリカ』倉石一郎・小林美文訳、岩波書店

第三章　教育に世界《コンテンツ》を取り戻す

一　教育思想の高みから

社会の現実から「逃走」する

まったく困ったことにどうやら本書は、現代グローバル世界の圧倒的トレンドであるコンピテンシー型の教育論、社会と個人の発展・成功と調和を導く新しい人間形成論そのものを、敵に回し始めているようなのだ。「個人の人生の成功」と「うまく機能する社会」のために、子どもの発達に即して構想される合理的な教育構想、純粋な教育としての教育、それはとても高度に調和的に人間の善き生の形式を定義していて、しかし／だからその構想の実装は、そこをくぐり抜ける子どもの生をますます生きづらいものにするのではないか――しかしそう言うや否や、教育に期待する人々は言うだろう。

「ほかにどんな道が?」

「ほかに道はない(There is no alternative)」というセリフは、イギリスの元首相M・サッチャーが、いわゆる新自由主義改革を推し進める際に用いた象徴的なスローガンであった。社会の公的領域を切り縮めたその改革は、イギリス社会に大きな傷跡を残した。このことを考えるならば、わたしたちの教育(と社会)の基本構想の選択においても、わたしたちは、単に「ほかに道はない」と追い立てられるままに進むのではなく、与えられたもの以外の選択肢が本当にないのかどうか十分に吟味する必要がある。それは現代を生きるわたしたちの責務である。

そんなわけでこの章では、社会の諸問題をあまりにも直接的に教育の世界に引き込んでしまうコンピテンシー(資質・能力)の教育論とは異なる教育構想について考えてみたい。それは必然的に、教育の原理についての問いになる。これからの教育は英語を重視すべきだ、いや道徳だ、いやいや理数系教科こそが……、などといった各論ではなく、そもそもよい教育とはどのような教育か、教育はどうあるべきかという原理や理念のレベルで考えることを、この問題――教育の過剰なコンピテンシー化――は要求している。

それは迂遠であるかもしれないし、もしかすると結局、コンピテンシーの教育でしかあり得ないということを確認するにすぎないかもしれない（そして実際、ある程度まではそうである）。しかし結果を先取る前にまずわたしたちに必要なのは、現実社会の喧騒《けんそう》から距離を取って、ともあれ一息つくことだ。社会と個人の必要とそれに応じる教育という、事柄のいかんともしがたい現実性からいったん「逃走」し、そこでともかく呼吸をすること――慌ただしい日常のなかでつい忘れがちだが、とても大事なことである。

さしあたって提案したいのは、教育思想の高みから教育と社会の現在を鳥瞰《ちょうかん》することだ。そこからもう一度、一分の隙もなく絡みあい支えあっているかにみえる社会と教育に、反転攻勢を仕掛けるために。

スコレーという選択

教育思想の高みからわたしたちの現在を鳥瞰する。その手始めとしては、わたしたちもよく知るスクール（school：学校）という語の、その遠い起源である古代ギリシャ語スコレー（scholē）について知ることが――現代とは別様の可能性を知るという意味で――有益である。古代ギリシャ語においてスコレーは、「閑暇」「余暇」「ゆとり」を意味し、それがラテン語のスコラ（schola：講義、学校）を経て、英語のスクールとなった。学校（スクール）とは、元をたどれば、労働やその他の社会活動、言い換えれば、社会の現実を生きるということから区別された時間と空間の経験を意味していた。現代の教育が、社会の現実を生きることと限りなく一致する（「役に立つ」）ように、少なくともそれと合理的に接続するように強くもとめられていることと、鮮やかな対照をなす事実である。

しかも、直訳すれば「閑暇」を意味するスコレーは、少なくとも古代ギリシャの哲学者、特にアリストテレスの言うところでは、単なる休憩時間ではなかった。また現代のわたしたちが一般に言うような、明日の労働への英気を養う遊び時間（レジャー）でもない。スコレーとは、ほかのなにかのためでなく、それを行うことそれ自体のために選び取られる真剣な活動（自足的な活動）であり、それはそのまま人間の到達し得る終極的な幸福へと向かうことであった（栗原雅美二〇〇二）。よってここで、アリストテレスの言う幸福について、少し砕いて説明しよう。

まずアリストテレスによれば、人間の究極的な目的は幸福（エウダイモニア）である。この幸福は究極的な目的であるだけに、ほかのなにかのためではなくそれ自体のために選ばれるものである。実際、「幸福になるのはなんのため？」という問いが、実質的に意味をなさないように思われるのは、幸福がそれ以上遡及できない究極的な目的であるからだ。わたしたちは幸福になるために生きることはあっても、なにかのために幸福になろうとすることはない。

そして重要かつ興味深いのは、同じ本のなかでアリストテレスが「幸福はスコレーのうちにある」（『ニコマコス倫理学』第一〇巻第七章一一七七b四）と明言している点である。確かに、すでに述べたように、幸福はそれ以上遡及できない究極的な目的である一方、アリストテレスはスコレーを「それを行うことそれ自体のために選び取られる活動」と定義していたのだから、両者の重なりは明らかである。

そしてさらにアリストテレスは、ずばり、幸福とは「完全な徳に基づいた魂のある種の活動」だと言う。人間の幸福とは、有徳な人間となって、その有徳な魂がある活動をすることそれ自体であるというのが、彼の幸福観であった。ここで言う徳とは「人間としてのよさ」のことであるから、幸福とは「最高の人間の魂の活動」ということになる。だから少なくとも幸福とは、英語の happy にあるような、「主観的に幸せであるような感じ」ではない。いわんや、富や名誉といったものをただ受動的に与えられているということでもない。それはなにかの活動なのである。ではいったいどんな活動なのか。

『ニコマコス倫理学』第一〇巻によれば、最高の人間の魂の活動、すなわち幸福とは、「観想的活動」である。それは文字通り「みる」こと、ただし、人間の「魂の目」である「理性」によって世界を認識する活動である。だから幸福な人生、すなわち世界を理性で認識する活動に満たされた人生とはつまり、哲学者の生にほかならない。哲学者は、ほかのなにかのためではなく、ただ知ることそれ自体のために自らの理性を働かせ、知をもとめる。彼は飽くことなく、それどころか快楽を感じながら、しかし快楽のためではなく、ただ知ることそれ自体のために知る。それこそが人間の幸福なのであり、そしてこの幸福＝観想的活動は、自足的な活動の時空間であるスコレーのうち以外にはあり得ない。これがアリストテレスの主張である。

再び本論に戻ろう。ここから見出されるのは、学校における教育／学習が、学校の外にある社会を生き抜くための準備であり、社会の要求に奉仕するための努力であるというのとは、明らかに異なって存在し得る可能性である。スコレーはそのうちに、自足した人間の幸福の可能性を含みもつものだった。そんな学校の源流としてのスコレーは、だから、学校の外部（社会）から来る「社会の役に立て」という要請を拒否するという、ある種の「反社会性」を帯びている。言い換えれば学校（スコレー）とは、「ただ生きる（社会へ『適応』する）」のではなく、「よく生きる」ための時空間であると、そんな解釈をここから引き出すことも可能なのである。

もちろん、「かつてスクールは、社会と区別された自足的時空間であった」という事実性が、現在でも学校がそのようである「べき」という規範性をそのまま演繹するわけではない。かつて学校は閑暇であった、だからいまもそうあるべきだ、ということはできないのである。またスコレーが、すべての労働を奴隷に任せることができた古代ギリシャ市民の特権であったことは、急いで言い添えられるべきだろう。

しかし少なくとも、学校が社会の要求に従うということが、学校そのものの本性的なあり方、そうでしかあり得ないあり方というわけではないということは言えそうである。学校、またそのうちでの活動が、社会の有用性から離れてそれ自体において意味があるという考え方の可能性は、歴史においてすでに示されている。

それはつまり、学校がどのようであるべきかということが、現代のわたしたちの選択の問題だということを意味している。

ルソー・リセット?

以上が「学校（スクール）」をヨーロッパの思想史の基層にさかのぼって考えるやり方だとすれば、同じようなやり方を「教育（エデュケーション）」にも適用できるかもしれない。実際、これをラテン語の educare あるいは educere にさかのぼって考えるやり方は、教職課程の教育原理の授業などでもおなじみのネタである。しかし、社会からいったん「逃走」するという本章の初発の関心に沿って言うなら、ぐっと時代を下ったところで、まったく別の仕方で社会に反転攻勢を仕掛けた思想家がいる。

その思想家は、人間の成長・発達を、人間が生み出した社会なるものの害悪から守り抜こうとした。著書『エミール』の類いまれなる功績によって近代教育思想の祖と位置づけられる、フランスの思想家J・J・ルソーである。彼の教育思想は、現代のわたしたちが考える教育の一つの源流であって、だから教育学者たちは、その時代の流行《はや》りの教育を吟味する参照点としてしばしばルソーの教育論に立ち返る。わたしたちもそのような教育学の慣行にならって、ここは一つルソーの教育思想に耳を傾けてみたい。

まず重要なのは、教育思想家としての彼の主著である『エミール』が、教育論であると同時に痛烈な社会批判の書だったという事実である。この点を象徴的に宣言しているのが、有名な『エミール』第一編冒頭の「万物をつくる者の手をはなれるときすべてはよいものであるが、人間の手にうつるとすべてが悪くなる」である。

これは二つのことを意味している。一つは人間の根源的な善性である。人間は神によって、神に似せて造られた。そうである以上、人間の本性は善である。しかし人間はいつの頃からか寄り集まり、社会という集団を形成して生活し始めた。その社会こそが問題であった。これが二つ目である。社会において人間たちは、もつものともたざるものという不平等を経験する。さらに、無駄に華美な文明や習俗を発展させ、礼儀を気取り、本音を取り交わすこともなくなる。本来は善であった人間は、人間自身が作り出した社会に染まってしまうことで堕落した。と、そのようにルソーは言う。

だから彼に言わせれば、教育は、社会の影響から距離を取った、人間に備わった自然の成長に沿ったものとして行われなければならない。なぜか。ルソーにとって自然とは、それ自体が価値あるものだったからである。人間は自らに備わった自然なあり方に即して生きることによって、幸福になると彼は言う。

では幸福な、すなわち、自然の歩みに沿って成長する人間とはどのような人間か。それは欲望と力が均衡した人間のことである。ルソーは言う。自然人（自然状態で生きる人間）は、自己保存に必要な限りでの欲望と、それを満たすのに十分な能力の均衡を保った人間である。そして人間の不幸は、そんな欲望と能力の均衡が崩れ、自分の力を超えた欲望をもつこと、そんな仕方で自然の歩みから逸脱してしまうことによって生じる。確かに欲望が叶わない時、人間は不幸を感じる。それは、自分の力量をもって叶えることのできない、大きな欲望をもったからこそ生じた不幸である。だからルソーは、幸福とは、欲望を抑えることと、力を増大させること、これら両方ともを追求することによって得られるものだとする。そうして欲望と力の均衡を達成した時初めて、人間の幸福は訪れるというのである。

もちろんこれはあくまで理想論である。現実には、人間は、社会から離れて生きることはできない。自然人として生まれた子どもは、やがて社会人（大人）にならなければならない。そしてルソーもそのあたりのことはわきまえている。しばしばルソーは「自然に還《かえ》れ」と主張した思想家とされているが、じつはルソーの著作にそのような言葉はない。それはつまり、彼の言う自然なるものが、あくまで人間の理想状態を描き出すための仮想的な概念にすぎないということを意味している。

しかし逆に言えば、理想論は重要である。理想は究極的には実現することはないかもしれないが、それでもその理想に向かおうとすることが、人間の現実をいくらかマシなものにする。ルソーの教育論に戻って言うならば、もっとも避けられるべきは、「どうせいずれ社会人にならなければいけないのだから、子どもの時から早めに『社会漬け』にしてしまった方がいい」という短絡的な発想である。むしろ、子どもはやがて（大人の）社会の一員となるしかない、だからこそ子どもは、できる限り注意深く大人の社会の害悪から守られるべきである、そうルソーは言う。子どもは社会から保護され、内なる自然の成長の歩みに即して育てられなければならない。そうすることによって、社会から不必要な欲望を煽《あお》り立てられて道を誤ることなく、またその秘められた力が最大限に引き出され、欲望と力が均衡した幸福な人間となることができる。

だから少なくとも『エミール』のルソーは、社会の害悪に抗して子どもの自然を価値とみる「反社会的」な思想家にほかならない。いつの時代も、社会やその構成員としての大人は、子どもを教育することによってそこから利益を引き出そうとする。そこでは教育は、社会のエンジンとしての市場経済を維持・発展させるための一つの手法である。あるいはそれは、もう少し家族の目線に寄り添うならば、子どもを将来に対して備えさせることによってその子自身の将来の利益を増進させるという営みでもある。そのような（大人の）社会の思惑に対して、ルソーは否と言う。子ども期は個人と社会の将来へ向けた単なる準備期間ではない。それは「子ども期」という人生における固有の価値をもった時期であり、その固有な時期としての「子ども期」の充実それ自体が、教育の目指すべきところだというのである。いわゆる「子ども（期）の発見」の立役者としてのルソーの、面目躍如である。

ちなみに彼は、このような「反社会的」な主張を「社会人」たる読者に向けて説くにあたり、いわゆる「メメント・モリ（死を想《おも》え）」の論法に訴える。「生まれてくる子どものうち、青年期に到達するのはせいぜい半分ほど、にもかかわらず、不確実な未来のために現在を犠牲にする残酷な教育を、どう考えたらよいのか」――だからルソーは人々に言う。「子どもを愛するがいい。子どもの遊びを、楽しみを、その好ましい本能を、好意をもって見守るのだ」「あなたがたにとっては再び帰ってこない時代、子どもたちにとっても二度とない時代、すぐに終わってしまうあの最初の時代を、なぜ、にがく苦しいことでいっぱいにしようとするのか」と。

そんな言い方でルソーは、教育の価値を、未来の準備としてではなく、その瞬間（子ども期）それ自体の充実という観点から論じる。そうやって未来の準備ではなくなることによって子ども期は、いつ何時その子に不幸な死が訪れたとしても決して無駄ではなくなる。未来の準備は未来がやってこなければ無駄になるが、ルソーの言う子ども期は、その時期を子どもとして過ごすことそれ自体が価値だからである。

このような警句は、現代でも重要であるように思われる。

第二章で示してきたように、現代の教育と社会は、子どもを資質・能力という名の「力」と見立て、力が力自身を増大させていくことで自身の人生の成功とうまく機能する社会を生み出していくという「未来志向」の理想のシナリオを描いている。その未来志向は、一見してまったくまっとうで望ましく思われるかもしれない。しかしその未来は、別の観点からみるならば、現在の犠牲の上に成り立っている。教育は子ども個人の人生の成功はもちろん、家族の系の維持、地域共同体の再生、経済発展、よりよき道徳や政治などといった、これからの未来のあらゆるものに責任をもたされることになる。だからいきおい教育は、また子ども期は、そのような望ましい未来のための過酷な準備期間となる。未来志向のシナリオは、未来のために現在を犠牲にするよう人々に説いている。

他方、ルソーにとって教育は、そうした社会の都合から切り離され、子どもの自然な成長・発達という独自の原理によって営まれるべきものであった。そのことは、「個人の人生の成功」と「うまく機能する社会」の実現に責任を負おうとするがゆえに加速し高度化する教育に、一定のブレーキをかける。ルソーの教育論は、子どもの成長を社会の切迫した必要から解放して、自然な時間の歩みのなかにおく。また教育を、「社会と個人の維持・発展のため絶対に失敗できない営み」というプレッシャーから解放する。だからルソーの教育論は、未来志向の過剰な教育論を、少なくとも一度「リセット」して考え直すためのスタートラインを、準備しているように思われる。

ルソー×コンピテンシー

ではルソーこそがわたしたちの希望である、と、そういうことなのだろうか？　これまでの教育の歴史のなかで、教師や教育学者が繰り返しそうしてきたように、ルソーの教育論に立ち返ることが、教育依存と学校不信という教育界の病弊を取り除くための処方箋だということとなのだろうか？　そう結論したくなる気持ちを抑えて、人間の悪徳から生まれた社会の害悪から子どもを守るとはどのようなことか、もう少しルソーの主張を追ってみよう。

『エミール』は、架空の子どもエミールへの教育という形で理想の教育を語る、小説仕立ての物語である。これをもう少し具体的にみてみたい。

この本の要は、子どもの内的な自然の尊重、そしてさらに「力と欲望の均衡的発達」という発想であった。すでに述べたようにルソーは、人間の不幸の源泉を、自分の力量でなし得ることの上限を超えてなにかを欲してしまう際の、その力と欲望のギャップにもとめた。だから教育において重要なのは、子どもの欲望を生存にとって必要な程度に抑え込むこと、そして同時に、なにかを為すための力を増大させることであった。そうすれば人間は、自分の力量に相応な欲望を満足させ、それ以上を望んで不幸になることなく、満ち足りた人生を送ることができるというわけである。

まず欲望の抑制について、「支配」の欲望の抑制を例にみてみよう。これが極めて徹底されていることは、例えば彼の乳児期の子育て論から典型的にうかがい知ることができる。乳児期の子どもはお腹《なか》が減ると泣く。それは自然な欲望の発露であり、それに応答して親は子どもにミルクや食べ物を与える。しかしこれを繰り返すうちに子どもは、「泣くと欲望を満たしてもらえる」ということを学習し、ただ親の注意を自分に引き付けようとして泣くようになる。ルソーによれば、それは権力や支配という不自然な欲望であり、これに親が応えてしまえば、子どもは支配や命令といった社会（大人）の関係性の害悪を学習してしまう。だからルソーは世の母親たちに対して、このような支配の欲望を毅然と無視するべきだと主張する。そうやって支配の欲望を諦めさせ、欲望を自然な範囲にとめおくべきだと言うのである。

このような欲望の抑制というテーマは、少年期以後もルソー教育論の重要なテーマとなっている。現代教育の通念から言えば、少年期に生じてくる好奇心という欲望も適切な程度に抑制されるべきというルソーの主張はいささか目立っている。彼はそのような好奇心の過剰さも、子どもを不幸にすると考えたのである。そしてそれを抑制する切り札は「有用性」の論理であった。ルソーは、子どもの好奇心は身近な生活の快適さに貢献する程度にとめおかれるべきと考えており、子どもがそれを超えて、なんの役に立つのかわからないことを知ろうと考えた時には、「それはなんの役に立つのか?」と問うことによって、その子の好奇心を抑え込むべきとしている。

他方、「消極教育」と称しながらルソーの教育は、子どもの力を積極的に増大させることには余念がない。そうすることによって欲望と力を自然な均衡関係におくことが、ルソー教育論の原則だからである。

ただしここでの力の増大は、知識の獲得とは異なるという点に注意したい。ルソーは、『エミール』に先立つデビュー作『学問芸術論』において、古代の学問や芸術の復興（ルネサンス）とその教育は、人間を堕落・退廃させる害悪だと主張した。学問や芸術は迷信、野心、憎悪、虚偽、金銭欲、虚《むな》しい好奇心といった人間の悪徳から生まれ、人間自身を本来のあり方から遠ざけるというのである。真理をもとめる学問（観想的活動）は、時間の浪費という損失を社会に与える割に人々に効用を与えることも少なく、また必然的に奢侈《しゃし》（ぜいたく）という悪徳をともなう。また文明化とともに形作られた礼節は、人々から率直さを奪い、代わりに疑惑や不信などといった情念が生じてくる。だからルソーは、子どもには安易に知識を与えるのではなく、発達とともに子どもの内に自然に生じてくる力、特に感覚の能力（事物を感じる力）の増大を促すように忠告する。

例えばルソーは、いわゆる早期の言語教育を厳しく批判する。子どもは乳児期の終わり頃から言葉を話し始めるが、そこで無理に難しい語彙（言葉の知識）を教え込むことは、かえって子どもの自然な言語発達を妨げるという。子どもは自然に、また自発的に話す力を発達させていかなければならない。ここには、言語という知識を教え込むことについての警戒、またそのような教え込みに先んじて行われなければならない力の増大という課題意識があらわれている。

　そして続く幼児期・児童期には、感覚の力を鍛錬することが奨励される。視覚・聴覚・嗅覚・味覚・触覚といった感覚の能力を鍛える訓練が『エミール』では強調されているが、それはつまり、こうした力量がしっかりと育てられてこそ、後に続く高度な知的教育や道徳教育が正しく実を結ぶと考えられているからである。だから青年期に至るまで、エミールは読書の機会を与えられない。ルソーに言わせれば、本に収められているのは、子どもにとってはまだ空疎な記号の羅列にすぎず、それらを無理に頭に入れることは無意味、有害なことなのであった。唯一の例外がダニエル・デフォーの『ロビンソン・クルーソー』なのだが、当然ながらルソーがこの本に期待したのは、知識や文化の学習ではない。彼が期待したのは、クルーソーの、必要に応じて事物に即してものごとを理解し生き抜く生き方をエミールが学ぶことである。それは言い換えれば、必要を超えたもの一般（文化芸術、社会関係）を子どもの視界から消し去るということでもある。

　さて、『エミール』の祖述は必ずしもここでの課題ではないから、このあたりでとどめておきたい。主張したいのは以下の二つの点である。

第一に、ルソーの教育論はさきに述べたスコレー＝学校的なものに鋭く対立している。それはルソーが学問知を、人間を堕落・退廃させるものとして、また、子どもの成長・発達を阻害するものとして退けている点にあらわれている。ルソーの教育論は、世界について知ることとそれ自体を目的とした時空間としてのスコレーを鋭く批判する、学校批判の教育論である。

それは別の言い方をするならば、教育において重要なのは、なにを教えるか（コンテンツ）ではなく、どんな力をつけさせるか（コンピテンシー）だという主張とも言える。これが第二の論点である。一般論として、教育は確かに、世界についてのなにがしかの知（コンテンツ）を子どもに提示することで子どもの力を育てるということを、一つの本質としている。しかし既存の学校（スコレー）は、大量の知（コンテンツ）を子どもにつぎ込むことに躍起になって、子どもの内的な力、すなわちコンピテンシーの増大を阻害している。それを克服するためには、できる限り知（コンテンツ）を引き絞る必要がある――ルソーの消極教育を現代風に言い換えればこんなところだろう。

そしてこのことは、ルソーの教育論が、これまで本書が吟味してきたコンピテンシー論に対する批判の準拠点ではなく、むしろそれと軌を一にした関係にあることを意味している。

教育思想の高みから現代のコンピテンシー論を批判しようと企図した本章の視座から言えば、これはショッキングな事実である。繰り返しになるが、ルソーの教育論とは、まさに近代の教育思想の偉大な源流である。それはいわば教育としての教育、わたしたちの教育の歴史が考え紡いできた、教育なるもののエッセンスといっても過言ではない。本書が教育を救い出すために批判しようとした当のものは、むしろ正当的かつ正統的に教育そのものだった、というわけである。

ここはとても重要な点なので、再度正確にまとめておこう。

まずルソーは、『学問芸術論』から『エミール』まで一貫して、学問やその成果である知識を、人間の悪徳から生じたもの、人間の自然な成長・発達をゆがめるものとしてきた。彼は少なくとも『エミール』を含むいくつかの著作において明確な社会批判者だったが、学問や知識はそのような社会の側に属するものとして排除されている。そのことは、現代のコンピテンシー論が、知識偏重、暗記中心教育（コンテンツ中心教育）を子どもの成長・発達を害するものとして退けたのと重なっている。特に少年期、生活への貢献を超えた興味関心を「有用性」の問い（それになんの意味があるのか？）によって刈り取るという方法論などは、コンピテンシーを軸とする教育改革の手法とまったく重なっている。

そしてこのコンテンツ教育批判という現代教育論とルソー教育論の共通性は、必然的に、子どもの内側から生じてくる「力」の重視、その合理的な涵養という、両者の共通点を指し示すことにもなっている。資質・能力は子どもを力としてみている。ルソーもまた、子どもの力の増大を重視した。ここに両者の共通性をみることはたやすい。

もっとも、両者に違いがないわけではない。資質・能力論は、グローバリゼーションの波に襲われる社会と個人を救うための能力論を子どもの発達に即して実装しようとする試みである。人間を育てるというルソーとは、その目的論のイメージは当然異なっている。

だから正確には、資質・能力論あるいは現代のコンピテンシー教育一般は、社会の要求を有効な教育の形に落とし込むという作業を遂行する上でのフレームとして、まったく正当にも近代教育思想の源流、教育なるものの原型たるルソー教育論を継承・踏襲したのだ、と言うべきだろう。実際、現代の高度な教育論は、将来必要になる知識やスキルを単純に前倒しして教えるよりも、子ども期を子ども期として充実させる方が、むしろ目的に対して合理的であることを理解している。幼児期には認知的スキルを前倒しに教え込むのではなく、幼児期なりのセルフコントロール力、つまり非認知能力を育てておく方が合理的というのは、非認知能力論の主張するところである。資質・能力論も、子どもが本来もっている力を引き出し伸ばそうというのであるから、むしろそれはルソー的というにふさわしい。

教育学の古典中の古典である、ルソーの「人間の教育」は、いまや、そこから社会が最低限のコストで最大限の価値をくみ取ることのできる資源としての人間を育てる現代教育の、欠くべからざる一部となってしまっている。

二　教育のタスク・フォーカス

教育のタスク・フォーカス

いささか意外な展開になってしまった。わたしたちは、批判の可能性を探すために教育思想の高みへと「逃走」した。そこでみつけたのは、「本当の世界を知る」ということそれ自体のために社会から切り離された時空間としてしつらえられたところの、学校（スコレー）の姿であった。そこには、教育語りが立ち返るべき原点があったかに思われた。しかしそこから時代を下って、わたしたちが近代教育思想の祖であるJ・J・ルソーにみたのは、「本当の世界を知る」というスコレーの理念が、力を引き出す、増大させるという教育の理念にとって代わられるという事態であった。

これをここでは、コンテンツに対するコンピテンシーの優越、と表現しておきたい。そしてこのコンピテンシー化された教育とはすなわち、純化された教育である。それはいま流行の教育であると同時に、近代ヨーロッパで生まれた近代教育のもっとも純粋な形象、教育としての教育である。

だからもしあなたが本書に、現代社会と教育のあり様を、つまりはコンピテンシーの流行を根本から否定することを期待しているとしたら、大変申し訳ない。じつのところわたしは、それを諦めつつある。わたしはルソー以来の教育学の伝統をあまりにも受け入れすぎてしまっているから、その流れを正統にくむコンピテンシー論を教育学から完全に排除することはできそうもない。知識偏重、暗記中心の教育を退け、子どものそれ自体の価値を愛し、その力を最大限に引き出す教育。子どもの育ちのために、教える内容を選び抜き、主体性を尊重し、学びのプロセスを入念に設計する教育。それは正しく教育としての教育の発想である。

ではここで終わり？　まさか。

問題を整理しよう。すでに論じたように、わたしたちの社会は、社会それ自体の流動性や不確実性の高まりの前に、その処方箋として教育を通して次世代を育てるという方策に依存している（社会の教育依存、救世主願望）。ただしそもそも予見不可能な未来社会を前に、具体的にどのような力量が役に立つかをわたしたちは判断することができないから、教育目標やもとめられる人材像はより全体的・全人格的・抽象的・一般的なものへと膨らんでいく。そのようにして人間を全体的・全人格的・抽象的・一般的な「力」として捉えるというのが、コンピテンシーの眼目であった。

このことの問題性はすでに述べたところである。人間をまるごと完成させる、そのことによって、その子自身と社会を救う——確かに、教育がそうやって個人と社会を絶対に救うと約束してくれるなら、すべては安泰だ。市場が格差を広げても、自然環境を破壊しても、災害が起きても、民主主義が空洞化しても、人口減少が止まらなくても、すべて教育が解決してくれる。それなら個人と社会は、安心してそれぞれの目的を追求できる。そして教育には、それらを達成し得る可能性も確かに備わっている。可能性はゼロではない、という意味でだが。

他方教育の可能性が無限であるからこそ、責任も無限になる。それは子ども、学校、教師に対するプレッシャーとなって、終わりのみえない教育改革を駆動させ生きづらさを亢進させていく。

しかしその無限責任の問題があっても、コンピテンシー、なかんずく資質・能力の議論を批判することは容易ではない。少なくとも伝統的なルソーの消極教育論は、その対抗策としては失効してしまっている。なぜなら資質・能力こそはむしろルソー的だからである。資質・能力は、子どもをつねにすでに育ちつつある学習の主体として尊重する。それは子どもを知識の暗記学習でスポイルしてしまうのではなく、むしろ力を引き出そうとする。これを不用意に全否定するなら、ややもすればわたしたちは、古い暗記教育に逆戻りしてしまうかもしれない。

だから事柄は、より繊細さを要求している。

単なる暗記教育で子どもを「歩く百科事典」にするような古臭い教育論は、避けなければならない。無機質なドリル学習を過度に強いて「歩く計算機」を育てるような教育論も同様である。そのような無意味な学習から、個人と社会にとって「役に立つ」教育論へと離陸しようとするコンピテンシー教育論、あるいは資質・能力という考え方を完全に否定はできない。少なくとも、古い教育観の弊害を取り除くというその有効性は認められるべきだろう。

しかしかといって、コンピテンシー教育論への移行を個人と社会の問題を解決する万能薬であるかのようにもち上げるのは、正しくない。そもそも日本の学校教育をそんな風に完全に変えてしまうことは不可能であり、それを試みることは有害でもある。それはできそうもない理想（個人と社会の問題の完全な解決）を語ることによって、現実の学校教育や子どもの育ちを断罪することになりかねない。さらにそのことによって、いまの学校教育のなかで子どもたちに（確率論的に）保障されている、さまざまな価値ある学びや経験を台無しにしてしまうことも避けなければならない。

「タスク・フォーカス」という言葉がある。スポーツやビジネスのメンタルコントロールなどで用いられる用語である。スポーツにしろビジネスにしろ、プレーヤーは事柄（試合）の結果をコントロールすることはできない。ものごとには、あらかじめ計算しておくことが不可能な偶然がつきものだからである。彼らにできるのはせいぜい、いま・ここの自分の一つひとつのプレーだけである。そしてそれが実際すべきことでもある。

いま・ここでできること／すべきこと一つひとつに専心するということ。これがいまの教育に本当に必要なことであり、そのために学校教育ができること／すべきことを見極めなければならない。それはつまりは、過剰で多様な期待に振り回されることを避け、教育に期待すべきこととその程度を見極めること、そして、その適切な期待に添った適切な教育論を描き出していくということにほかならない。

これを「教育のタスク・フォーカス」と呼ぼう。わたしたちの教育と社会に必要な、自省的な思考の合言葉である。

世界を取り戻す、味わう

世界規模で急速に進む教育のコンピテンシー化。では、それに抗《あらが》ってまで考えなければならない、学校教育にできること／すべきこととはなにか。それは、コンピテンシー論のように教育を通じた社会への「適応」に子どもたちを追い立てることを一定程度ゆるめ、その代わりに、社会ではなく世界に出会わせ、味わわせるということである。どういうことか。

ここで言う世界は、わたしたちが日常的に社会と呼ぶものを超えた広がりと深みをもっている。わたしたちが「社会に出る」「社会人になる」「社会で役に立つ」と言う時、それは多くの場合、会社に就職することであり、市場で労働力商品として価値をもつということである。常識的に考えて、世界は、そんな労働の現場や市場（社会）だけではなく、それを含みつつもより広く深い。

そして、そんな広く深い世界と子どもたちを出会わせるためには、「その学習はなんのため？」という意味の問い、社会的な問いから距離を取らなくてはいけない。なぜならその問いは、子どもたちの「真の」学習を、社会への合理的な「適応」として理解し、それ以外の学習を「無駄」「害悪」として排斥しようとしているからである（ルソーのように）。そんな「適応」の学習は、生物が命を懸けて行うものであり、その成否が個体（やその家族）の生き死にを決めてしまいかねないシビアすぎる営みである（「生きる力」）。そんな教育を、学習を、人間に強要すべきではない。

そしてそれにわたしがここで対置したいのは、社会への合理的で「自然」な「適応」に任せては出会うこともないような、世界のさまざまな事実（コンテンツ）に子どもたちが出会い、その驚きに打たれ、おのずからそれと戯れる、そんな種類の教育/学習の経験である。そのような教育/学習の経験において子どもたちは、学びの結果（能力達成）を強迫的にもとめることなく、むしろ強迫的な社会を超えた世界に出会う。「その学習はなんのため？」という意味の問いを離れて、否むしろ、その問いを問う必要を感じないほどに、世界の強度を経験する（面白い！／楽しい！／深い！／美しい！／醜い！／汚い！／怖い！／なんだかよくわからないけどすごい！／もっともっと、これに触れていたい！）。強迫的な社会の必要を拒否し、ゴールとしての資質・能力の呪縛から解き放たれた、適度にゆるめられた心と体が、自然や文化、芸術、つまりは世界と出会う。彼らは育つために、自己自身を有能にしていくために世界に出会うのではない。世界と出会うことは、それ自体が価値なのである。

では、それはいかにして可能か。わたしの考えでは、ここで特別で新しいなにか（資質・能力のような？）を召喚する必要などない。鍵になるのは、「教科」というカテゴリーである。

教科はしばしば、学校が社会の「役に立たない」ことの象徴のように扱われる。「教科書で教えない○○」という書籍が出版される。「本当の勉強は社会に出てからだ」などと言われる。その時、教科とは、社会の役に立たない無駄な知識や技能の集合体として理解されている。しかしそもそも教科とは、人間が獲得してきた自然や文化・芸術、つまりは世界についての広義の知を、教えるということのために組織したものである。もう少し丁寧に言おう。人間は学問という形で世界についての知を集積してきた。そして教科とは、その学問を「親」にもち、学問を子どもに分かち伝えることを介して、世界と子どもが出会うことを可能にする「入り口」「通路」にほかならない。教科は、社会に対して閉じられた無駄な知ではなく（あるいはある意味そうであるとしても）、子どもたちの前におかれた世界への「とびら」である。

もちろんじつのところ子どもたちは、教育を通じて世界に出会いつつそのことによって社会にも適応していくのであって、両者は実際には渾然《こんぜん》一体である。ただし／そして、コンピテンシー論とは、教育における世界との出会いを、社会への「適応」に無駄なく資するよう限界ぎりぎりまで絞り込み、合理化するものとも言える。だからコンピテンシーは、まったく純粋な教育にほかならない。しかしそうであるがゆえにそこには、徹底した合理主義特有の不気味さがある。

この点については、コンピテンシー論へ大きく傾斜する高校国語を批判する文学研究者の日比嘉高《よしたか》の主張がうまく言い当てている。日比はコンピテンシー論への転換を、普通の食事から機能的に洗練された保健機能食品への転換に例える（日比二〇一九）。つまりコンピテンシーの教育論は、合理的に計算されたアスリートの栄養摂取に似ているのである。アスリートの食事は、より速く動くため、より高く跳ぶために合理的であるような肉体を目標として、カロリーや栄養素のバランスという観点から考え抜かれ、合理的に取捨選択され、提供／摂取される。もちろん、一般的な授業も、文化や自然についての知（学問）から、子どもを育てるという目的に即してもっとも合理的な文化の断片を切り出してパッケージ化し、さまざまな演出を加えながら提供するという仕事ではある。だが資質・能力あるいはコンピテンシー論の固有性は、これを極限まで推し進めたという点にある。

そしてその結果世界との出会いは、ある種の媒介以上の価値をもたなくなった。個人と社会を救うという未来の遠大な目標を追いもとめるあまり、コンピテンシー論においては、教科を介していま・ここでしっかりと世界に出会わせ、子どもたちのこの瞬間を充実させるという、学校教育ができることのうちですべきことが見失われている。必要なのは、教科を介して世界に出会わせるということへのタスク・フォーカスである。

国語の授業を通して、豊かな日本語の世界に出会わせる。

算数・数学の授業を通して、抽象的な数や形の世界に出会わせる。

理科の授業を通して、自然や科学の世界に出会わせる。

社会の授業を通して、子どもたちを人間の歴史的・社会的な営みに出会わせる。

英語の授業を通して、豊かな英語の世界に出会わせる。

道徳の授業を通して、人間の価値の世界に出会わせる。

音楽の授業を通して、人間の音楽文化の世界に出会わせる。

美術の授業を通して、人間の芸術文化の世界に出会わせる。

保健体育の授業を通して、身体や運動文化の世界に出会わせる。

技術の授業を通して、人間の技術や情報の世界に出会わせる。

家庭科の授業を通して、人間の生活文化や科学の世界に出会わせる。

農業・工業・商業・水産その他専門教科を通して、人間の労働文化の世界に出会わせる。


教室のいま・ここにある、教育ができること／すべきことに専心する。そのことによって子どもたちは、ただ生きること、すなわち社会への「適応」一辺倒では経験することのない世界を経験する。それは決して簡単ではないが、ごくシンプルに価値あることではないか。

世界に出会わせる――こんな苦しい時代に、そんなふわふわとしたゆるい教育で本当にいいのか？　そんな批判に対しては全力で抵抗したい。いま必要なのは、学ぶことと生きることが同義になり、それを怠るや死に至るという、教育と社会の強迫的な対応関係をとにかくゆるめることだからである。

ちなみに、こちらの可能性を追求する手がかりをいまの教育改革にあえて探すとするなら、その一つは、学習指導要領のなかにある「見方・考え方」というコンセプトだとわたしは考えている。これは、資質・能力に基づく教育課程における、新しい教科観の表現である。新しい学習指導要領は、各教科について、その教科固有の視点やものごとの捉え方、すなわち「見方・考え方」が児童生徒のうちに形成されるようになることを強調している。これは本書に引き付けて言うなら、それぞれの教科に即した世界把握を子どもたちのうちに形成するということにほかならない。国語という教科は、日本語を中心とした人々の言語や表現の世界という対象世界を、子どもに対して開いている。数学は、子どもたちに準備された、抽象的な数理の世界、あるいは数理的に把握された世界へのとびらである。子どもたちは、個人（自己）としてこの世界に触れ、そこに固有の世界把握を形成する。また同時に、同じ世界を時間と空間を共有しながら味わう他者（教師や友だち）と関わることになる。

このように、抽象的なコンピテンシー論に安易に寄りかかることなく教科の「見方・考え方」を強調し、教科の学習を対象世界・他者・自己の三者の対話的プロセスとしてモデル化したのが、石井（二〇一五）である。石井は、「学校教育を改革して、『人間力』の育成を目指そう」などといった抽象的すぎる乱暴な議論（俗流コンピテンシー）ではなく、国語、数学、理科、社会、英語などといった各教科がもっている世界の把握の仕方や世界との関わり方（構造）をしっかり整理して、それを着実に子どもたちに身につけさせることを強調する。そして、これを従来の「教科を学ぶ」授業（従来型のコンテンツ・ベース）と対比して、「教科する」授業と呼ぶ。知識・技能が実生活で生かされている場面や、その領域の専門家が知を探求する過程を追体験し、「教科の本質」をともに深めあう授業という意味である。

またほぼ同様の関心から、さきにも触れた松下佳代は、コンピテンシーとコンテンツの対立を止揚する「深い学び」を提唱している（松下二〇一五、二〇一九）。「単に教えられたことを暗記しはき出すだけでなく、推論や論証を行いながら意味を追求しているか（深い学習）」、「事実的知識や個別のスキルだけでなく、その背後にある概念や原理を理解しているか（深い理解）」、「いま学んでいる対象世界や学習活動に深く入り込んでいるか（深い関与）」という三つの系譜で整理される「深い学び」は、コンピテンシーとコンテンツが両方とも相即的に追求される学習モデルであると言える。

このように、コンピテンシーの世界的流行のなかでそれを全肯定も全否定もせず、是々非々で新しい教育・学習のモデルをつくり上げようとする努力が教育学の世界にも準備されている。コンピテンシーとコンテンツの適切な両立という課題は、今後も追求されていくだろうし、それは基本的に望ましいことだと言える。

ただし気になるのは、これらのように原理レベルでバランスのよい議論が、社会的に実装される際にそのバランスのよさをどれほど保っていられるか、という問題である。本書ではすでに、かつて大人と区別される子ども期の価値を高らかにうたい上げたルソーの消極教育論が、逆に社会からの高度で合理的な人間形成の要求に順接的に取り込まれた、ということも論じてきた。社会の合理性要求はそれほどに強い。社会と個人は、つねに現実の教育に対して、そこから利益をくみ出そう、「役立たせよう」とねらいすましている。そのような関心のあり方の過剰さが、教育依存と学校不信が、永久に続くかのような教育改革を駆動し現実の教育（学校教育）を疲弊させている。

もちろん石井や松下らの議論のような、コンピテンシーとコンテンツの両立というバランスのよい両論併記は、社会と個人に責任をもつ教育を構想するという自負と誠実さの表現に違いない。しかし個人と社会の問題解決を過剰に期待する社会を前にするなら、「社会への適応ではなく世界との出会い」という教育のタスク・フォーカスに、もっともっと明示的にコミットする覚悟が必要である。そしてのみならず、そのことの価値を説得的に説明するロジックが必要だろう。教育における知ること、わかること、できること、あるいはもっとゆるやかに、ある経験をすることそれ自体の価値を力強く語るロジックが。そうでなければおそらく教育は、ほとんど教育の本性的なあり方として、コンピテンシーへと流されていくに違いない。

三　世界とともに在りますように

ロボット掃除機は主体性の夢をみるか

試みられるべきことの一つは、コンピテンシー論、つまりは純粋な教育としての教育の異様さを、まずはそれとして示すことだろう。この点についてはすでに断片的に論じてきたところではあるが、ここでは改めて、本書と同様にコンピテンシーの教育に強烈に抗する別様の教育学を紹介しておきたい。世界的な潮流としての教育のコンピテンシー化に抗して、いま教育学の世界で一番力強くかつ説得的に反対の論陣を張っている、オランダ生まれの教育哲学者G・J・J・ビースタの議論である。

彼に言わせれば、コンピテンシー教育論はそもそも教育論の名に値しない。それは教育論ではなく学習論にすぎないのだと言う。そしてその学習論は子どもたちを、与えられた環境を自律的に掃除して回る「ロボット掃除機」のレベルに貶《おとし》めているとすら主張する（ビースタ二〇一八）。この辛辣な批判に込められた真意に迫ってみたい。

彼が批判するのは学習者中心の教育論である。その進歩的な教育論は、教師が教え、子どもが学ぶというかつてのスタイルを、教師中心の権威主義的教育、統制的教育として批判する。そして、子どもが主体的になにかについての理解を自分なりにつくり上げ、またなんらかのスキルを獲得していくという、学習者（子ども）中心の教育を強調する。そのなかでは教師は、かつての「壇上にいる賢人」の役回りを降りて、「学習者の傍らにいる支援者」「学習者の後ろにいる仲間」になる。それによって学習者は、教師の権力から解放され、自由に学び育つようになる。――このように要約される学習者中心の教育（学習論は、二〇世紀初頭の発祥以来、日本だけでなく世界の人々が抱く、理想の教育のイメージであり続けてきたものである。そこでは、「教える」ということをいかに否定するかということが美徳ですらある。教育は、教えてはいけない。究極の教育とは、教育するということの自己否定の先にあって、そこには子どもの学習（学び）だけがある、というわけである。

そしてそれは、いま世界的に流行しているコンピテンシー論が追求している当のものでもある。すでに述べたように、コンピテンシー論や資質・能力論は、子どもをその人格部分までを含めたまるごとの「力」として理解する。子どもとはつねにすでに育とうとしている存在、言い換えれば、学習というプロセスを介して自分で自分を増大させるという性質を本来的に備えた、力そのものである。教師はゆめゆめ、知識やスキルを権力的に押しつける（教える）ことで、その力を弱めてはならない。教師の仕事は、力としての子どもが自己自身を増大させるための環境を整え、資源を準備することであり、それのみである（消極教育）。そうすることで初めて、子どもは主体的で、自由で、自律的な存在として高度に飛躍し、自分自身と社会を救うのであった。

しかしビースタにしてみれば、そのような教育論のなかで育つ子どもとは、与えられた環境のなかで試行錯誤しながら最適な掃除の仕方を考え実践する、「自律的」なロボット掃除機と変わらない。確かにロボット掃除機は、いちいち命令されることなく自律的に掃除を行う。のみならず、その部屋をより効率的に掃除できるように仕事のパターンを最適化していく。彼（?）はそんな風に、何度も試行錯誤しながら掃除を実行することによって、その環境への「知的な適応」を遂行してのける。

そしてこの環境への「知的な適応」という言い方は、いまや自律的に学習する生き物として理解される子どもたちの振る舞いを表現するものでもある。確かに子どもたちは、流行りの教育のなかで、受動的な知識の吸収ではなく能動的に環境に関わり、これを理解し、そのなかでうまく振る舞うようもとめられる。それは第一義的には、教室における「適応」である。ただしコンピテンシー教育とは、社会の役に立たない学校を改革し、その教室空間を社会へとスムーズにつなぎ、学校と社会の順接的な関係を作り出していくものであるから、その改革の理想のなかでは、教室への「適応」は社会への「適応」にほかならない。そしてビースタに言わせれば、資質・能力たちは、社会で必要とされる役に立つスキルを学習する場としての学校教育に「適応」することを通じて、最終的にはこの社会そのものに「適応」していく、ロボット掃除機にほかならない。

ちなみにこのことは一見すると、学校への「適応」を自覚的に遂行する「優等生」――それは傾向としては、第一章で論じた重教育家族の子どもたちを多く含むだろう――だけに当てはまるように思われるかもしれない。ビースタはこの点について触れていないが、しかし、わたしはこれは、高度化する学校教育を早々にドロップアウトする軽教育家族の子どもたちにもかなり当てはまると考えている。彼らの違いは学校の学びを役に立つと考えているかどうかであって、ドロップアウトする子どもたちも「役に立つかどうか」という事柄の理解の仕方そのものを捨てているわけではないからである。軽教育家族の子どもたちは彼らなりの仕方で、つまり、学校を通してとは別の仕方で、社会に「適応」しようとしていることは間違いない。

そして／しかし何度も繰り返しているように、コンピテンシーの教育は、わたしたちの社会における教育から完全に排除することはできない。ビースタのこれほど辛辣な比喩の後ではかえって嫌味かもしれないが、それは一つには、教師の権力的な押しつけや、無意味な暗記やスキル訓練の強要などといったことから子どもたちを解放するというような進歩性を、コンピテンシー論がもっていること自体は否定できないということによる。また実際問題、わたしたちはわたしたち自身を一台のロボット掃除機として卓越化することによって、個人としてこの社会で生き、またその協働的な営みとしての社会を維持しているという厳然たる事実がある。コンピテンシー論は、わたしたちが生きる上で、社会が維持される上で、必要な原理である。

だから問題は、わたしたちが結局はそこで生きていくほかない「必要」の世界、「役に立つか否か」の世界、つまりはこの社会において、しかしそこに完全に埋没してしまわないような生き方はいかにして可能か、ということである。そしてビースタは、ロボット掃除機のように適応的に生きる／学ぶだけではない人間のあり方・生き方をこそ、「主体であること」と名づけ、その可能性の条件について論じ進める。

「教えることの再発見」

必要なのは「教えることの再発見」である——そのように強調するビースタの議論を理解するために、彼の言うコンピテンシー教育論、もとい、コンピテンシー学習論における学習者のあり様についてもう少し確認しておきたい。

ビースタは、コンピテンシー学習論のなかで想定される学習者がおかれた状況を、哲学者E・レヴィナスの言葉を借りながら、「エゴロジカルな世界」と表現する。それは「自己」を中心とした世界である。「自己」はまさしく自己完結していて、「自己」自身から出発しつつ、対象となる世界を解釈し、世界やそのなかでの事物についての理解を構成しつつ、また「自己」へと還っていく。その「自己」にとって世界は、あくまでも、その「自己」が一方的に解釈する（ことができる）限りの世界でしかない。これが「エゴロジカルな世界」である。そしてそれは本書の言うところの「社会」とコンピテンシー教育論、もとい学習論の考え方とも通じている。社会に「適応」するとは、自己の生存に有益な情報に特化して世界を理解し、そのことによって自己自身を、社会を生き抜く上で有用なものへと作り替えていくことだからである。

それのいったいなにが問題なのだろうか。少なくとも、社会について自分なりの理解を作りつつ、そのなかで適切に振る舞えるように自己を調整し、社会に「適応」するという一連の過程は、理想的な意味での学習にほかならない。「適応」の成功は学習の成功であり、そこには学習としての問題はなにもない。学習というものの本性に違《たが》うような事態は、そこにはなに一つないのである。そして「自己」の成功裡《せいこうり》の「適応」は、その「自己」に個人的な成功という利益をもたらすと同時に、社会がそこから利益をくみ出すという互恵的な関係、すなわち、「うまく機能する社会」を準備するものである。

しかし、別の角度からみるならば、そのような学習は、この社会における「自己」の「個人の人生の成功」／「うまく機能する社会」の達成という目的に沿う限りで世界を理解し、その限りでの世界、すなわち社会に「適応」するということにほかならない。そこに欠けているのは、この社会は「自己」にとって「適応」するに足る社会かという、社会そのものについての理解と批判である。またそこでは、この社会に「適応」したい、そのために役に立つ形でのみ世界を理解したいという「自己」の側の欲望を吟味する機会も奪われている。そしてコンピテンシー学習論とは、このような「適応」という生き物としての人間の本性的なあり方と欲望を、いかにしてより多くより強く引き出し促進するかというテクノロジーなのである。

ここに、本書の別の箇所でわたしが資質・能力としての子どもを「学習する生き物」「小さな企業家」と呼び、またビースタが「ロボット掃除機」に例えていること、それに共通する問題の焦点がある。「適応」する、生き残るということは、生き物としての目的であり欲望である。そのような生き物としての欲望の充足を全否定することはできない。この欲望の充足へ向けた活動は、わたしたちが生きて働くものである以上、不可欠で不可避ですらある。しかし他方で、そのような種類の欲望充足が人生の関心事のすべてになってしまうことには、ある種の窮屈さ、もっと言えば不快さがある。もっとほかでもあり得たかもしれない世界が、役に立つ限りでの世界＝社会という形へと、不当に狭められているような気がしてくる。そのような狭小な世界に先を争って「適応」しようとしている「自己」自身に、言いようのない苛立《いらだ》ちが募ってくる。

ではどうすればよいのか。なんのことはない、そんな閉じられた「適応」の回路の外へ出るためにこそ教育がある、とビースタは言う。人間はほかの動物と同じように、自律的に社会に「適応」することができる。しかし同時に、ほかの多くの動物と違って、他者から教えられることによって、目の前の社会に「適応」するという営みをいったん中断して別様に考え生きることもできる。だから「教える」ということは、「ロボット掃除機」を「主体」であることへと導くことにほかならない——そのようにビースタは言うのである。

もう少し丁寧に説明しよう。

「学習する生き物」としての人間は、エゴロジカルに世界を了解している。それはわたしなりに言い換えれば、世界のあり方を、あるがままに理解するのではなく、「自己」がすでに見知っている情報の組み合わせにおき換えていくということにほかならない。そこでは、「自己」のあり方の芯（適応して生き残るという欲望）は変わることなく、ただ自分なりの、つまり現在の「自己」が独りで把握し得る限りでの世界像が「自己」のなかにでき上がっていく。そして「自己」は、そのような世界像（社会像）に即して自身を有用に作り替え、それに適応していく。あたかもロボット掃除機が、障害物にぶつかって試行錯誤しながら、その部屋に対してより「知的な適応」を成し遂げていくように。

それはちょうど、「テストに出るかどうか」「将来の役に立つかどうか」で学習をしたりしなかったりする子どもたちの行動に似ている。では流行りの資質・能力論やアクティブ・ラーニングを用いた授業は、それを変えることができるか？　わたしはその可能性を全否定するものではないが、資質・能力の言う構成主義（子ども中心主義）的な子ども観・学習観に沿って作られた授業のなかで、活動からドロップアウトする子どもや、活動の手続きをただこなすだけの形骸化した学びが生まれている状況も目にするところである。

他方ビースタの言う「教える」とは、進歩的なコンピテンシー学習論が言うように学習（適応）を促進することではなく、むしろまず学習を「中断」させることである。ではどのように「中断」させるのか――ビースタ自身は意外にも多くを語らないこの点について、わたしから提案するアイデアはとてもシンプルだ。すなわち、世界やそれを構成する概念（むき出しのコンテンツ）を、それとして提示することである。「テストに出るかどうか」「将来役に立つかどうか」で学習したりしなかったりする子どもが、それとはまったく関係ない、教師が気まぐれで語った魅力的な未知の知に思わず聞き入ってしまう、「それってなに？」と問わずにいられなくなってしまう――例えばそんな、ごく卑近な教室の事実を想起してほしい。「教える」とはそんな風にして、世界のうちにあって世界を構成している事物を、子どもの「適応」の関心の枠外からあえて差し込むことで、子どもの「自己」がものごとを既知のものへとおき換えていくプロセスに齟齬《そご》を起こさせ、「中断」させることを目指している。それは「自己」にとっては、既知のものへとスムーズにおき換え処理できないものとの出会いである。「自己」はそこで、自らの理解に服さない（わからない）という、世界の側からの「抵抗」を経験する。「わからない」とは、自分がまだ知らないことがそこにある、ということである。

さらにビースタによれば、そのように首尾よく「抵抗」に出会い、学習（適応）を「中断」された「自己」は、「自己」自身がもつ「学習（適応）したい」という欲望の存在に気づき、その欲望それ自体の吟味を始めるという。砕いて言えば、うまく意欲を引き出され、進んで学習課題をこなし、そのことを通じて社会へ「適応」しようとする「自己」を振り返り問い直す、といったところだろうか。これをビースタは「停止」と呼ぶ。

しかしそれは、「自己」にとっては極めて不安な状態である。そこで「自己」が取り得る選択肢は、大きく二つだろう。不安に耐えかねて再び「適応」に没入するか、逆に世界の「抵抗」から逃げ去ろうとするか。前者はいわゆる受験競争へ没入するタイプの子ども、後者は教育のプロセスからドロップアウトする子どもを表象している。そしてこの二つの選択肢の前に立つ子どもに対して、「教える」とは、どちらの選択肢も取らせずその状態を「維持」するということだ、そうビースタは言う。「わからなさに耐えて、わかろうとすること」を「自己」に強いるということだ。

それはとても不安なことだろう。だから、他者をそのような状態に至らせとどまらせるという教育は、とても困難なものである。しかしそのようにして初めて世界は、「自己」にとって既知のもの、役に立つ／役に立たないの二分法でのみ捉えられるものではなく、

「自己」にとって未知のものとなる。世界はこちらが一方的に理解する対象（社会）ではなく、むしろ向こうから呼びかけてくるもの、その意味で正しく「対話」の相手となる。

それは言い換えれば、「わからない／できない」ということのうちに隠された価値を救い出すものとも言えるかもしれない。「わかる／できる」ようになることがしばしば社会への「適応」であるのに対して、「わからない／できない」とは、そのすべてがとは言わないとしても、そのうちのいくぶんかは、「わかる／できる」力に容易に屈することのない謎――例えば、宮沢賢治の「やまなし」に出てくる「クラムボン」のような――としての世界に子どもが出会っている、まさにその瞬間かもしれないからだ。

ここにビースタは、「学習」の促進に還元されない、「教えること」の意味を再発見する。そして、この「教えること」「教えられること」を介して、世界と対話するようになった「自己」をこそ、ビースタは「主体」と呼ぶ。矛盾なく、葛藤なく、抵抗なく生きる学習者は、「適応」という生き物としての欲望にとらわれ操作されている。そのような人々によって満たされた社会は、一つの生態系のなかですべての生き物の生と死が無駄なく調和して閉じているような、そんな状態に似ている。それは生き物としての幸福ではある。しかしそこには主体がいない。すべてが渾然となって調和してしまっているからである。

主体であるとは、社会の一部になることではなく、他者としての世界に出会い、それと（一致してしまうのではなく）「ともに在る」ことである。そのために必要なのは、社会への適応力を引き出す学習論ではなく——少なくともそれと同時に——、子どもを世界《コンテンツ》と出会わせる営みとしての教育である。そんな子どもと世界を出会わせる仕事としての「教えること」の再発見こそが、ビースタの提案なのであった。

教育とはなんであり得るか

教育とは、学習（適応）の結果どのような意味で役に立つ存在になり得るか、によって測られるものではない。教育、なかんずく「教える」ということの価値は、「教える」まさにその瞬間、子どもを中断、停止、維持のなかにつなぎ留めること、世界《コンテンツ》と出会わせること、つまりは主体とすることそのものにある——。このようなビースタの議論にいくぶんなりとも価値を認めるならば、それはコンピテンシー教育とは別様の、わたしたちのオルタナティブな教育論にほかならない。小括しておこう。

現代グローバル世界の圧倒的トレンドであるコンピテンシー型の教育論は、社会と個人の調和を導く新しい人間形成論である。それは「個人の人生の成功」と「うまく機能する社会」を実現するために、それらの目的に役立つ「力」を子どものうちに育てようとする。ただしそれは従来の早期教育のように、大人になってから／社会において役に立つ知識やスキルを子どものうちから詰め込んで、子ども期を抑圧するものではない。コンピテンシー論は、子どもをつねにすでに育ちつつある者、学習（適応）しつつある存在としてみなし、その「力」をより合理的に引き出すことに腐心する。それは近代教育の源流たるルソーの消極教育論を正統に引き継ぐものであり、子ども期をそれとして充実させようとする。子どもに大人の真似《まね》をさせるのではなく、子ども期に引き出されておくべき力を引き出しておくことが、逆接的に、「個人の人生の成功」と「うまく機能する社会」に貢献する――コンピテンシーはそのように事柄を理解するからである。

こうも言った。コンピテンシーは、子どもの力を引き出すために、力それ自体としての子どもが自己自身を無理なく無駄なく増大させていくよう促進するために、教育におけるコンテンツを厳しく吟味する。それはアスリートが、優れた身体を手に入れるために、食事を栄養素に還元して理解することに似ている。なにを食べるか／なにを学ぶかはもはや重要ではない。重要なのは、それがアスリートの優れた身体を作り出す上でどのように貢献するものか、である。同じようにコンピテンシーは、教育におけるコンテンツを、特定のスキルや心的な特性を育てる上で、つまりは力（資質・能力）を向上させる上でどれだけの貢献をなし得るか、という一元的な尺度で吟味する。それは、人間をよりよく育てる仕事、つまりは教育を、極めて愚直に、これ以上ないほど純粋に追求したものに違いない。

だからその時、教育のコンテンツとは、目的に沿ってできる限り合理的に引き絞られるべきものである。そうでなければ、否、そうでなくとも本質的には、コンテンツとは、教育としての教育のうちにこびりついた「夾雑物《きょうざつぶつ》」にすぎない。だからコンピテンシー論は、ちょうどルソーが学問や芸術をひどく憎んだのと同じように、コンテンツ（教科における知の内容）を憎んでいる。

このことに対するわたしの批判の一つは、そのように際限なく純粋に、際限なく高度になっていくコンピテンシー論は、人間の善き生を定義してしまっていて、そのことが現実の子どもを苦しめ、教育を窮屈にしてしまっているのではないか、ということだった。コンピテンシー論は子どもの可能性を信じている。ただしその信頼は、その期待は、時に過剰である。すべての子どもは学ぶ力をもともともっていて、それはコンピテンシー教育によってますます引き出されていく。子どもたちは、自ら学習する生き物、自己自身を増大させていく力それ自体となって、際限なく向上していく。それはほとんど斜陽であるようにさえみえるわたしたちの社会を救う力である。そして同時に、そのように育つということが、その子たちの人生の成功でもある。しかし、このような希望にあふれた純粋な教育論は、あまりにも現実味を欠いている。無限大に伸び育つ力としてのあり方が、すべての子どもに期待される。それは期待される子どもにとって、とてもつらいことではないか。希望にあふれた教育は、ある種の子どもを振り落としながら進む巨大な選抜装置となる。そんな仕方で、子どもを強迫的に学びへと動機づけ続けるのである。

また、コンピテンシー論を批判的に吟味する教育方法学者や教育哲学者たちの批判もここに加えたい。約めて言うならば、コンピテンシーに特化するような教育は、社会を生きていく上で／社会がうまく機能する上で有効かつ必要と思われるスキルや心理的特性を直接教え育てようとするあまり、ひどく浅薄な教育となってしまうというものであった。それは結局コンピテンシーなるものが、教育目標としてあまりにも不定形すぎるがゆえのことである。遠大なコンピテンシーの理想は、むしろ現実の教育においては、コンピテンシーが育つと一般的に信じられているような手続きをくぐっていくだけの学習活動として流行してしまう。

そしてこのような一連の議論の上に、さらに強烈なコンピテンシー論への一撃となったのがビースタの教育学である。

彼の議論は、純粋な教育、教育としての教育、それ以外にわたしたちに選択肢はないかのように思われた理想の教育としてコンピテンシー論なるものを、ずいぶんと相対化してくれた。曰く、コンピテンシー論とは教育論ではなく学習論である。コンピテンシー学習論は子どもの育ちをロボット掃除機の卓越化と同じレベルで理解している。コンピテンシー学習論が子どもたちに課しているのは、矮小化《わいしょうか》して理解された世界＝社会のなかで生き残り、また社会に貢献するための、必死の学習＝「適応」である。そこではいくぶんネガティブな意味で、生きることと学ぶことが一致してしまっている。

だから必要なのは、「教えることとの再発見」なのだ――ビースタはそう主張する。「教える」とは、つねにすでに世界を「自分なり」に解釈して既知のものとしてしまう「自己」、「適応」するという欲望そのものとなって疑うことのない資質・能力としての子どもの、その「適応（学習）」を「中断」させる。どうやって？　いろいろなやり方があるかもしれないが、わたしが提案したいのはとてもシンプルで力強いやり方、すなわち、教科の知を介して世界と出会わせることによって、だ。そうやって欲望を「停止」させておいて、世界の「わからなさ」のなかにとめおく（「維持」）。そうすることによって初めて子どもは、世界が「自己」とは異なる他者であることに気づく。社会ではなく、世界と向きあい、世界と自己とは別であることに気づき、改めて、世界との関わり方を考え始める。そのようにして在ることをビースタは「主体であること」として、肯定的に呼ぼうとする。

　ビースタにとって教育とは、学習（適応）の促進ではない。むしろ教育とは、つねにすでに生きるために学習（適応）しようとしている学習者の邪魔をすることである。「学習（適応）する生き物」「小さな企業家」「『力』としての子ども」……、本書でそのようにも呼んできたロボット掃除機たちに、実存的な問いを引き起こし、フリーズさせる。そのことによって彼らは、「自己」と社会の「必要」に即応する機械であることから離れて、別のあり方へと開かれるチャンスを得る。もちろんそれは、高度かつ緻密に組織された人間の善き生の形式の予定を狂わせ、子どもを停滞のなかにとめおくことになる。そしていくぶん常識に逆らって、そのことこそが価値なのである。子どもがロボット掃除機ではなく、主体として世界と向きあい、取り組んでいるという意味で。

突飛な話だろうか。コンピテンシー論全盛のこの時代において、それは確かに異色かもしれない。しかし、教育とは中断、停止、維持なのだと言われれば、確かにそうであるような気もしてこないだろうか。なぜなら現実の教育、つまりは学校という場所では、現に、さしあたって生きるのに必要のなさそうな事柄が、教えられ続けているからである。

作家になるつもりもない子どもに文学を教え、演奏家になる予定のない子どもに音楽を教える。数学者になりたいわけではない子どもに数学を教え、政治家や活動家になることなど露ほども考えたことのない子どもに社会の仕組みを教える——。生きることと学ぶことを、社会の必要と学校の作動を、一分の隙もなく合理的に統一したいコンピテンシー学習論に言わせれば、それらはすべて無駄な「夾雑物」でしかないに違いない。しかしそれらは——たとえ誰かが意図したものではないのだとしても——、子どもが社会ではなく世界と出会うためにおかれたものとして、理解し直され得るのではないだろうか。まるでかつてのスコレーがちょうど、そのような場所であったのと同じように。

学校では、生きるためには知る必要のなかった世界に強制的に出会わされる。そしてそのことで、この社会で、ではなく、この世界と向きあってともに在る、ということが可能になる。そのために教育は学校という形でそこにおかれ、また子どもは「教えられる」ということの才能をもって生まれてきたのだ、などと考えるのは安直かもしれない。しかしそのようなものとして学校や教育を再定義するかどうかということは、ただわたしたちの選択の問題なのである。

参照文献

アリストテレス（二〇一五）『ニコマコス倫理学（上）』渡辺邦夫・立花幸司訳、光文社
アリストテレス（二〇一六）『ニコマコス倫理学（下）』渡辺邦夫・立花幸司訳、光文社
石井英真（二〇一五）『今求められる学力と学びとは―コンピテンシー・ベースのカリキュラムの光と影』日本標準
栗原雅美（二〇〇二）「『ニコマコス倫理学』第一〇巻第七章における「スコレー」と幸福」（『一橋論叢』一二八巻三号、日本評論社）
G・J・J・ビースタ（二〇一八）『教えることの再発見』上野正道監訳、東京大学出版会
日比嘉高（二〇一九）「高校国語科の曲がり角」（『現代思想』二〇一九年五月号、青土社）
松下佳代（二〇一五）『ディープ・アクティブラーニング―大学授業を深化させるために』勁草書房
松下佳代（二〇一九）「資質・能力とアクティブ・ラーニングを捉え直す―なぜ、「深さ」を求めるのか」（グループ・ディダクティカ編『深い学びを紡ぎだす―教科と子どもの視点から』勁草書房）
J・J・ルソー（一九七八）「学問芸術論」（山路昭訳）『ルソー全集第四巻』白水社
J・J・ルソー（一九六二）『エミール（上）』今野一雄訳、岩波書店
J・J・ルソー（一九六三）『エミール（中）』今野一雄訳、岩波書店
J・J・ルソー（一九六四）『エミール（下）』今野一雄訳、岩波書店

第四章　そして社会と出会う、ただし別の仕方で

一　反社会性の不可能性？

「世界との出会い」を擁護するためには

とはいえ、このような理想主義的な「ゆるい」教育論が、そのまま読者に受容されるなどと考えるのは、それはそれで期待過剰というものだろう。「個人の人生の成功」と「うまく機能する社会」を確実に手繰り寄せるなどと張りつめずに、ただ子どもたちがしっかりと世界と出会えばいい――そんな公教育のあり方に合意を取り付けるのは、とても難しい。

なぜ難しいのか。それは教育なるものが社会のなかで、社会に依存して営まれているからである。教育は社会が生み出した財（税金、家計支出）を投入することによって成り立っている。個人と社会が望んでいる社会への「適応」という目標を拒否して、世界との出会いという教育の目的・目標を掲げたとしても、共感を得るのは簡単ではない。社会とそこを生きる個人の現実、個人と社会の「必要」を無視して、教育はただできることをやればいいのだなどというのは理想論、否むしろ、無責任な暴論とさえ呼ばれても不思議ではない。とりわけ現代のような、つらく苦しい時代には。

だからこの最後の章では、「世界との出会いとしての教育」というアイデアをいくぶんなりとも擁護できるような、現実的なロジックについて試論してみたい。象徴的に言うなら、いったん社会から「逃走」した本書の議論を、再び社会と出会わせてみたい。そんな風にして、教育の価値を社会に承認させるための努力をしてみたい。

ただしもちろん、いま、現に社会と教育がそのようであるのとは別の仕方で。

そのためにわたしは、それこそ蛮勇を振るって、専門としている教育学の領分からはみ出して議論する必要がある。重要になってくるのは経済学と社会学、特に後者の消費社会論と呼ばれるジャンルである。これらの知見をふまえつつ、本章ではあえて、教育と教育学の外側で教育を擁護することにチャレンジしておきたい。

具体的にはまず、さきの章で繰り返し論じてきたような、教育が社会への、わけても市場経済への貢献を強くもとめられるという現代的状況を市場の論理の方から描き直す（本節）。そして、いったんそちらのロジックに歩み寄りながら、内在的にそれを組み替える対抗的なロジックを示したい（第二節）。教育学者の経済語りがどこまで説得力をもち得るかは読者の判断に任せたいが、ともあれ最後まで、おつきあい願いたい。

「教育の福音」

社会の教育に対する期待過剰などという問題はなぜ生じるのか。それにはいくつかの事柄が複雑に絡みあっている。しかし複雑に絡みあった事柄のうちで、その主要な要因の一つとしてグローバリゼーションを挙げることは、決して突飛ではないように思う。グローバリゼーションとは、ヒト、モノ、資本、情報その他が、旧来の国家や地域などの境界を越えて高速かつ地球規模で行き交う現象である。特に顕著なのは、人々が財やサービスを交換する領域、つまり市場であり、日本を含めた世界の企業は否応なく地球規模で統合されたグローバル市場での競争を余儀なくされる。また日本という国を主体に考えた場合にも、統合と競争激化が進むグローバル市場で国家としての存在を示すためには、自国の経済を成長させることが強くもとめられている。

そしてこのグローバル経済のなかで重要になってくるものの一つが、より多くの付加価値を生み出し得る生産活動の担い手としての人間、経済学の用語で言うところの人的資本である。企業にとっては、より質の高い人的資本が継続的に生み出されることが、グローバル市場を勝ち抜く上で重要になる。国内の人的資本の質は、一国の経済を成長させるために避けては通れない問題である。他方で雇われる側の労働者も、より質の高い人的資本として自己自身をより卓越化した上で労働市場に参入することが、社会を生きていく上でますます重要になってくる。

そしてその時、人的資本としての人間の価値を高めるものこそが教育であり、その現代的かつ純化された形態こそが、さきに述べたコンピテンシー・ベースの教育である。ただし教育のコンピテンシー化を駆動する人的資本論は、より現代的な背景をともなっている。

いわゆる知識基盤社会化、「マグネット経済」というアイデア、そして「機械との競争」というモチーフである（松下二〇一四）。順に説明しよう。

まず知識基盤社会化とは、世界的な産業構造の転換をあらわす表現である。現代のグローバル市場においては、土地や生産設備などの伝統的な資本に加えて、知識や情報、またそれらをうまく使って新しい価値を生み出す人間の能力が、ますます重視されるようになってきている。それはつまり、人間こそが新しい価値を生み出し経済を成長させる資本として重視されるという、人的資本論の発想にほかならない。ただし知識基盤社会においては、物理的にモノを生産する活動から、情報を操作したりアイデアを発案するといった知的（シンボリック）な活動へと労働のイメージの重心が移っている。これまでになかった革新的な商品や生産流通に関するアイデアを思いつくということが、労働者にもとめられる新しい能力になってきている。

次に「マグネット経済」とは、グローバル市場のなかで企業から投資を引き付けることのできる国家経済を意味している。世界からの投資を呼び込むことで一国の経済成長を図ろうというのだが、その時、鍵になるのもまた現代的な付加価値を生み出せるイノベーティブな人材である。特に先進諸国では、国内の低スキル・低賃金労働が発展途上国に海外移転してしまっても、適切な教育・訓練によって国内の人的資本を高度化しておけば、高スキル・高賃金労働（への投資）を外国から磁石のように引き寄せることで労働市場の悪化や経済の停滞を防ぐことができると考えられている（ただし、イギリスの教育社会学者P・ブラウンらは、この「マグネット経済」は実効性のない「神話」にすぎないとしている〈ブラウン&H・ローダー二〇一二〉）。

そしてさらに近年では、これに「機械との競争」というロジックも加わっている。いわゆるAIブームのなかでよく言われるように、科学技術の発展によって近い将来多くの職種で人々が機械に雇用を奪われることが予想されている。そのような産業構造の転換のなかで個人（と社会）が生き残るためには、非定型的なスキル（問題解決、批判的思考、コラボレーション、チームワーク、ICT利用）などを子どもたちに身につけさせる必要がある、というのがしばしばこの種の言説の言う処方箋である。

ちなみに、このような背景に基づくコンピテンシー論が日本の学校教育（特に初等中等教育）にもち込まれる重要な契機となったのが、さきにも触れた「OECD生徒の学習到達度調査（Programme for International Student Assessment）」、通称ＰＩＳＡテストである。ＯＥＣＤが二〇〇〇年から三年ごとに実施しているこの国際的な学力調査は、各国の一五歳の生徒を対象に読解力、数学的リテラシー、科学的リテラシーの三分野について知識の活用力などを問うもので、その順位は各国の教育制度の効果、さらにはそれを可能にする「国力」を示すものとして毎回注目される。ちなみに、二〇〇三年のＰＩＳＡで日本が順位を落とした「日本版ＰＩＳＡショック」が九〇年代末からの学力論争を終わらせ、「ゆとり教育」から「学力向上」への政策転換を促したことはよく知られている。二〇〇七年の学校教育法改正では「思考力、判断力、表現力」などのＰＩＳＡリテラシーに類する能力が目標に組み込まれ、学習指導要領にも反映されているほか、その達成状況を測るものとして、全国学力・学習状況調査（さきに触れた全国学テ）や学校評価制度が整備された。

公平を期すために付け加えれば、少なくともＯＥＣＤは、コンピテンシー概念は市場の成功のみを志向するものではないと強調している。とはいえそれでも、教育の目的（なんのために教育するか）と目標（どんな力をつけさせるか）を経済的効果に重点をおいて語る傾向性が世界的に強まっていること、そしてその経済効果という観点からコンピテンシー

（あるいは広く「新しい能力」一般）が強調されていることは否定しがたい。

やや横道にそれたが、ともあれここで強調したいのは、グローバリゼーションの波に襲われた日本経済にとって、またそのなかを生きる個々人にとって、教育とはほとんど唯一のサバイバルの方法として理解されているということ、これである。このことは、第一章で触れた現代教育家族の生きづらさをマクロレベルで説明するものでもあるように思う。グローバル市場における国家・社会・個人にとって、教育は、神がそっと耳打ちする生き残りの方法、「ノアの箱舟」なのである。「生き残るためには教育だ。教育こそが個人と社会を救う」――世界各国で強調されるこの種のレトリックを、アメリカの教育経済学者W・N・グラブと教育史学者M・ラザーソンは、「教育の福音（the Education Gospel）」と名づけている（グラブ&ラザーソン二〇一二）。「福音」とは、イエス・キリストがもたらした、人類の救済と神の国についての「善きしらせ」の意である。

経済成長と教育

「教育が個人と社会を救う」――そんな「神の声」が鳴り響く社会で、別様の教育を擁護すること、ましてや社会の同意を引き出し、その実装を促し得るロジックを導くことはとても難しい。生きるか死ぬかの瀬戸際で「神の声」に導かれる人間（社会）に、それとは真反対の道を説いて進路を変えさせるというのは、じつのところ不可能なのかもしれない。しかしここではあえて、少なくとも読者の思考の中断・停止・維持（ビースタ）を諦めずに試みてみよう。そのためにまずここで、門外漢を顧みず、経済学の語彙で経済と教育の関係を語り直してみたい。

問題となっているのは一国の経済成長と教育の関係である。まず一国の経済成長は、GDP（Gross Domestic Product：国内総生産）の伸びによってあらわされる。このGDPは、財やサービスを生産して市場に供給するという側面（供給サイド）から捉える見方と、経済主体が財やサービスを市場で購入するという需要の側面（需要サイド）から捉える見方の二つがある。そして経済と教育との関連を考える上ではまず、前者の供給サイドに注目しておきたい。というのは、市場に供給される財やサービスの生産において、教育とはその生産性を決定する重要な要因だからである。

生産性とは、一定の単位の労働から生産される財・サービスの量である。この生産性を決定する因子は数多くある。例えば、労働者が使用する道具、施設、設備などはその典型であり、これらは単に資本ないしは物的資本と呼ばれる。さらに、具体的なモノを作るならば材料となるような天然資源が必要である。また道具を使ってその資源を加工するわけであるから、そのための技術知識も大事な要素である。

ただし物的資本、天然資源、技術知識がありさえすれば、誰でも適切かつ効率的に生産活動が可能になるわけではない。そのためには、労働者があらかじめ一定の教育、訓練、経験を通じて生産活動に資する知識を獲得し、それに熟練しておく必要がある。このように、労働者に対して教育などによって付与されている資本のあり方こそが人的資本である。このことは、確かに教育が供給サイドから経済に寄与していることを意味している。特に人口減少が続き労働人口の減少が予想される日本社会においては、より優れた教育・訓練などによって、労働者一人ひとりの人的資本としての価値を高めておくことがもとめられていると言える。

この観点から言えば、税金によって公教育を子どもたちに保障することは、将来の経済成長を見据えた公共投資であるという理解につながる。また家計（個人）の観点から言っても、教育を通じて子どもの人的資本としての価値を高めておくことは、その家族の持続可能な未来を準備するということにもなる。その場合教育とは、モノやサービスの生産に回す資本を我慢して、将来の生産に備える投資だということになる。そしてこの教育＝投資という考え方が、公私が相補って子どもたちに良質の教育を保障していく上での有力な動機を形成していることは否定できない。

いまを去ること一五〇年以上前、幕末の長岡藩（現在の新潟県長岡市）の参事だった小林虎三郎は、困窮する長岡藩に三根山藩から贈られた百俵の米を、藩士の生活のためではなく学校設立の費用とするよう主張した。これに取材した山本有三は、戯曲のなかで小林に、百俵の米を教育にあてれば、後には一万俵、百万俵になると嘯《うそぶ》かせている（山本二〇〇一）。小泉純一郎首相（当時）の二〇〇一年の所信表明演説でも引用され一躍人口に膾炙した、いわゆる「米百俵の精神」である。これこそは、そんな投資としての教育観を端的に示す政治の口上であろう。

ただし（古典派経済学の伝統的な立場に極端にコミットするのでない限り）、そのように生産性を向上させ、市場における供給を増やしていきさえすれば経済成長が実現すると考えるわけにはいかない。供給サイドにいくら生産する余力があったとしても、需要がなければ実際の生産は行われないからである。景気が悪化して財やサービスが売れないとなれば、生産は抑制されざるを得ない。よってGDPの増大を実現するには、この需要サイドの動きも考える必要がある。

GDPを需要サイドからみる場合、経済活動の主体を家計、企業、政府、外国の四つの部門に分けるのが一般的である。家計は財・サービスを購入してその価値を享受するが、それは「消費」と呼ばれる。企業は生産活動のために原材料や半製品などを購入したり設備を拡張したりするが、これは「投資（民間投資）」と呼ばれる。政府は公共サービスを提供するための政府消費、また公共設備の建設など公共投資という活動を行う。これを合わせて「公共支出」と呼ぶ。そしてこれ以外に、国内で生産された財やサービスの一部は外国に輸出される。これらの活動がより活発になる、すなわち需要が増加し景気がよくなれば、それに合わせて供給も増加し経済が成長していくことになる。

ちなみにこの需要サイドで考えた場合、教育は消費ないし投資される一つの産業として、さまざまな局面で顔を出す。例えば学校教育や社会教育その他の公教育は、政府による公共サービス（政府消費）と、同じく政府による公共投資の側面をもつだろう。憲法で定められた権利に基づく教育保障であり、かつ、一国の経済を左右する人的資本への投資としての教育という形である。また私立学校や学校外教育機関への家計からの支出は一つの家計消費と考えられるが、それは家計を一つの疑似企業体とみなせば、さきに述べたような投資として理解することもできる。さらに企業が一定の生産性を我慢して社員教育を重視するなら、それは人的資本への（民間）投資と言える。したがってかなり単純化して言えば、わたしたちの社会が教育を消費・投資どちらかあるいは両方の観点から重視することは、需要サイドからGDPの増大に寄与すると言えなくもない。ただしその規模は、GDP全体を顕著に押し上げるほど大きくはないだろうが。

少し横道にそれてしまったが、ともあれ経済学の教科書的な発想から言えば、一国のGDPは需要と供給が互いに作用しながら決まっていく。では現在の日本社会に目を移した時、経済成長はどのような状態にあると言えるだろうか。

少なくない経済学者が主張するのが、日本社会は慢性的な需要不足の社会になっているという見解である（吉川洋二〇一六ほか）。一九六〇―七〇年代の高度成長期、日本は毎年一〇パーセント前後の急激な経済成長を経験した。テレビ・冷蔵庫・洗濯機の「三種の神器」が飛ぶように売れ、太平洋ベルト地帯（東京から大阪、瀬戸内、福岡）に大規模工場が建設された。さらに、東京オリンピックのために新幹線や高速道路建設などの大型公共投資が積極的に行われた。これらはすべて国内の需要、いわゆる内需にけん引された経済活動であり、それが日本の高度経済成長を可能にしたのだった。しかしそうやってある程度国内にモノやサービスがいきわたった後には、当然ながらかつてのような需要（消費と投資）は生じなくなる。このようにして、一定の成熟を経た日本社会は慢性的な需要不足の社会となる。そしてそのことが供給を、さらには経済活動そのものを鈍化させ、さらなる経済成長を難しくしているというのである。

また関連して、人々がモノやサービスの購入を控えてお金をためようとすることで需要不足が生じ、景気低迷が続いているのだという知見も見逃せない（小野善康二〇一七ほか）。普通、家計は、将来購入したいモノやサービスのために所得を消費に回すことを我慢して貯蓄する。この時、消費は抑制されるが、買いたいものはあるのだから、ここで貯蓄に回った所得は一定の期間を経てやがて消費されるはずである。しかしさきに述べたように、日本の家庭では必要なものがほとんどそろっており（成熟社会）、さらに将来や老後を考えた場合の不安から、所得をモノやサービスの購入にあてるのではなくお金としてもっておきたいと考える傾向が強まる（流動性選好）。他方、家計の貯蓄は銀行を介して企業の投資に回ることが期待されるが、そもそも家計の消費が低迷している場合、企業は将来の販売拡大の見通しが立たず設備投資を躊躇する。そこでは、消費と投資の抑制→景気低迷→物価や賃金の抑制→消費・投資の抑制という悪循環が生じ、結果、GDPが需要サイドから抑制される景気低迷と低成長が続くというのである。いまや問題は、ルソーが言うような欲望の過剰ではない。むしろ消費需要の低迷、すなわち欲望の過小こそが問題なのだというわけである。

そしてこのような成熟社会の需要不足を念頭におくなら、教育が、さきに述べたような供給サイドの生産性を人的資本の面から高めても、それほど効果はないことになる（正確に言うなら、教育が、ということではなく、供給サイドの生産性を高めること一般がということだが）。いくら人的資本が準備されていても、それらが生産した財やサービスを購入する人がいなければ経済は回らないからである。ただし、さきに述べた教育界における知識基盤社会の強調を念頭におくならば、少し違った構図がみえてくる。

「小さな企業家」の、その先へ

ここで、本書がさきにコンピテンシー論あるいは資質・能力論の子ども理解として「小さな企業家」という表現を用いたことが関連してくる。結論から言えば、教育は、このような成熟社会、低成長時代の市場経済そのものを大きく変革するような、ある役割をもとめられている——すなわち、イノベーション（新結合／技術革新）する人間の育成である。

まずイノベーションについて、これを主張した経済学者J・A・シュンペーターの議論に即して紹介しておきたい。シュンペーターによれば、イノベーション（訳語では「新結合」）とは以下のようなものである（シュムペーター一九七七）。

① 新しい財貨の生産
② 新しい生産方法の導入
③ 新しい販路の開拓

④　原料あるいは半製品の新しい供給源の獲得
⑤　新しい組織の実現

通常わたしたちがイノベーションの語から連想するのは①だろう。大学や企業の研究機関において、新しいモバイル通信技術や難病に効く新薬、極小バッテリーが開発され、特許を取得するなどというのが、典型的なイメージだろうか。だがイノベーションには、「モノ」の開発だけでなく、新しい「サービス」のような無形のものも含まれていることに注意が必要である。さらにシュンペーターの説明に返って言えば、②③④⑤のように、商品そのものではなく、それを生産・販売するプロセスの革新もイノベーションに含まれている。しばしば①はプロダクト・イノベーション、②③④⑤はプロセス・イノベーションと言われる。それが作り出されることによって、動きの鈍った市場にあらたな経済成長がもたらされるような、新しい財貨、新しい生産・流通の仕組み、それがイノベーションである。そしてシュンペーターは、そのようなイノベーションをもたらす人材を「企業家（アントレプレナー）」と呼んだ。

このことは、現代社会が市場の低迷を克服するために教育に期待するという時の、その期待の内実が、単純な人的資本論とは異なっているということを意味する。従来の発想で言えば、教育に期待されるのは人的資本、すなわち優れた労働者の養成であり、イノベーターの養成ではなかった。労働者は、学校在学時あるいは入職後に、生産活動に必要となる一般化・定型化された知識や技術を学習・習熟することがもとめられる。その時に必要とされる技術知識は、少数の専門家が研究開発などを通じて発見し、定式化したものにほかならない。

しかしイノベーティブな「企業家」の育成構想は、そのような既存の一般化・定型化された知識や技術の学習・習熟プログラムにとどまらない。否むしろ、知識や技術とは、与えられ学習するものではなく、労働者一人ひとりが主体的に生産に携わるなかで「創造」すべきものとなった。本来なら、市場を変えてしまうようなイノベーションをなし得るのはごく少数の人々にすぎない。しかしいまや教育は、すべての人をアントレプレナー、すなわち価値創造者に仕立て上げ、社会に「納品」することをもとめられている。そこで編み出されたものこそが、本書で繰り返し触れてきたコンピテンシー論である。

繰り返すが、あらたな経済成長をもたらすような「企業家」は、そうそう現れるものではない。冷静に考えれば、新しい時代を切りひらくような「企業家」は、それこそほとんど時代の偶然と言わざるを得ないような希少な存在だと、誰もがわかりそうなものである。しかしおそろしいことに、コンピテンシー論、資質・能力論、その他、日本社会で喧しい数多《あまた》の教育論は、みなそろって子どもたちを「小さな企業家」へ育て上げようと躍起になっている。考えすぎだろうか。少なくとも文部科学省の小学校学習指導要領解説（総則編、二〇一七年）は、以下のように語っている。

今の子供たちやこれから誕生する子供たちが、成人して社会で活躍する頃には、我が国は厳しい挑戦の時代を迎えていると予想される。生産年齢人口の減少、グローバル化の進展や絶え間ない技術革新等により、社会構造や雇用環境は大きく、また急速に変化しており、予測が困難な時代となっている。また、急激な少子高齢化が進む中で成熟社会を迎えた我が国にあっては、一人一人が持続可能な社会の担い手として、その多様性を原動力とし、質的な豊かさを伴った個人と社会の成長につながる新たな価値を生み出していくことが期待される。

「新たな価値を生み出していくことが期待される」――これをあらたなイノベーション、あらたな付加価値を創り出す人材というように経済面だけにひっぱって捉えることは、文部科学省の意図を解釈するという意味では、もしかするとフェアではないかもしれない。しかしそれはそれとして、日本社会を含むグローバル世界では、「教育の福音」――教育を経済成長のための優れた投資として理解する言説――が鳴り響き、教育のあり方に影響を与え続けていることを見逃すわけにはいかない。

ところで、それのなにが問題なのか。

確かに、社会の歯車にでもなったかのように古い定型的な商品生産や没個性的なサービスの提供者であることを強制されるような労働＝人生のイメージに対して、この「新しい価値の創造者」という位置づけは、間違いなく「進歩的」で「解放的」である。のみならずそれは、個人と社会の輝かしいビジョンを伝える。彼（女）の成功は、彼（女）「個人の人生の成功」であると同時に、「うまく機能する社会」、うまく循環し成長する市場を作り出す——そんな風に。しかし、すべての子どもたちに対してそんな類いまれな「企業家」となることを強いる社会は、あまりにも危うい。すべての子どもたちをスティーブ・ジョブズ（Apple）やマーク・ザッカーバーグ（Facebook）のような「企業家」へ、しかも意図的・計画的、かつ効率的に育て上げようとするのは、やはり異常な教育像と言わざるを得ない。

しかしその異常さは、ある種の必然性をともなってもいる——これが本節で言いたいことである。

成熟社会＝慢性的な需要不足社会となった日本社会では、その需要不足が経済成長の足かせとなり低成長が続く。これを改善するには、単純に供給サイドを調整するだけでは効果が薄い。あらたな投資と消費を生み出すためには、膠着《こうちゃく》する市場の状況を根底から一変させるような「創造的破壊」、つまりはイノベーションが必要となる。だから社会は、イノベーションをもたらし得る人材育成の機能を教育にもとめるのである。その回答が教育のコンピテンシー化である。確かにそれは、事柄の推論の仕方としては合理的であろう。問題はこのような教育のコンピテンシー化が、「偶然」に生まれる「小さな企業家」を

「量産」するという常軌を逸したプロジェクトだという点である。

しかしわたしたちの社会に言わせれば「ほかに道はない」。経済成長をもとめるあらゆる構造改革、あらゆる金融・財政政策がことごとく不首尾に終わる現在において、社会は、とにかくこの社会を根底から変えてくれる人材を、そんな人材を量産する教育を、強迫的にもとめている。もしかしたらみんな、心の底ではその無理に気づいているのかもしれない。しかし、それを口に出してはいけない。「ほかに道はない」のだから。

教育のコンピテンシー化は、そんな現代日本社会の教育依存／学校不信をエンジンとして駆動している。

二　教育（学）の消費社会論的転回

教育学の反転攻勢

さてこのような一連のロジックの、いったいどこに手をつければよいだろうか。

経済成長など、景気などどうでもよい、子どもが教育を受けるのは憲法に定められた権利なのだから、経済に資するかどうかで教育を考えるのは間違っている——そのように完全に拒否することも可能だし、またそれはそれでとても大事な思想である。しかしそのような清廉な（？）主張が力をもち得ないこともまた事実である。わたしたちの社会は、公教育というシステムを採用している。それは人々がその意義にともかくも同意して、税金を出しあって、公費で賄われるシステムである。だから公教育のあり方を変えたいなら、そのビジョンの公共的な正当性を論証することを避けては通れない。そして、すべての人とまでは言わなくとも大多数の人にそれを納得してもらうためには、経済を完全に無視するわけにはいかない。過剰すぎる期待は拒否するとしても、つまりは、「この教育こそが経済成長を約束する！」などとは言わないにしても、教育なりに、つまりは「十徳ナイフ」なりに、経済にも貢献できるという仕方で教育を説明する必要もあるに違いない。ただしそれは、人的資本の育成や「小さな企業家」の量産という方向ではなくて、ということなのだが。

ではどうするか。わたしが注目したいのは「消費」である。結論から言おう。教育は、正確には、わたしが主張する「世界との出会いとしての教育」は、人的資本の育成によって供給サイドから市場経済に貢献することはできないかもしれない。また、「小さな企業家」を「量産」して市場そのものを変容させる望みも薄い。しかし少なくともその理念は、人々の消費の感性を育てることを通じて、需要サイドから経済に貢献するという可能性をはらんでいる。それが言いすぎだとしても、少なくとも、内需を温めるという仕方で景気や経済成長に貢献するというストーリーを排除していない。

ただしこのような教育と経済の関係のストーリーを描くためには、消費という概念ないし人間の活動の性格についての整理が必要である。特に日本の教育と教育学は、消費、あるいは消費社会というものを等身大で捉え、それとポジティブな関係を結び直す必要がある。これをここでは「教育（学）の消費社会論的転回」と呼ぼう。

消費なるもの

まず必要なのは、消費という人間の活動についての丁寧な理解である。

簡単に言えば、消費とはモノやサービスの価値を享受することである。それは投資とともに経済の需要面を構成し、経済成長の欠くべからざる要素である。しかし一般に、経済学がこの消費という営みの内実に深く踏み込むことは少ない。消費には、伝統的な経済学の分析に適さない複雑な個人的・文化的文脈が関わっているからである。だからこれらはむしろ、社会学や文化人類学といったほかの社会科学で好んで論じられている。よってここでは、社会学者間々田孝夫の『二一世紀の消費』（二〇一六）の枠組みを借りながら、消費なるものについての理解を深めておこう。

間々田によれば、消費という人間の活動には三つの文化的類型が見出される。消費は個々人の完全なる独立した意思によって営まれるのではなく、むしろ個々人の消費を規定する三つの文化があって、個々人はそれに影響を受けつつ消費生活を送っているという。

第一の消費文化は、機能的価値をより高い水準で実現することを目指し（第一原則）、消費の量的拡大を志向する（第二原則）消費の文化である。

機能的価値とは、なにかの目的を達成するための道具としての価値である。例えば、高度経済成長期の「三種の神器」のうち洗濯機や冷蔵庫は、それぞれ洗濯と食品の保存という生活上の目的をより高度に達成するための消費財である。これらの消費財においては、どれだけ簡便に洗濯ができるか、どれだけ食品を長持ちさせられるかという機能がその価値の中心にある。このようにもっぱら機能的価値を追求する消費財は、家電のような耐久消費財だけではない。食品、衣料品、生活雑貨などのモノのほか、宅配サービス、クリーニング、保険、福祉サービス、介護、そして教育なども機能的価値をもつ消費財と言える。

さらに、この第一の消費文化においては、消費財の大きさや数量的な増加が豊かさや満足感として経験されるという点も重要な特徴である。第一の消費文化を生きる人々は、例えば家という消費財に関して、住みよいという機能的価値に加えて「より大きい（家）」という価値に満足を感じる。同じように彼らは、食品の質もさることながら、冷蔵庫にぎっしりと食品が詰まっているということを豊かさと感じる。そんな文化が花開いた社会は、必然的に、大量生産・大量消費の社会となっていく。ちなみにこの大量生産・大量消費の社会が環境破壊や人心の荒廃をもたらす元凶の一つだという議論は、わたしたちにもなじみ深いものだろう。

しかしここで、消費という営みをもう少し踏み込んで考えてみよう。例えばわたしたちは買い物の時、単純にその消費財の機能だけをもとめているわけではない。必ずしもその商品の本来的な機能ではないような部分が、わたしたちの消費を促すということもある。この点に関わるのが第二の消費文化である。

ブランドもののバッグを購入する場合を例に挙げよう。その時わたしたちの選択基準はしばしば、もちやすい、たくさんものが入るといった機能的価値以外の点におかれている。例えば、しかじかのブランド品をもつことはある特定の年代や階層に所属していることを対外的に示すことになっていて、そのように自分自身の所属をあらわすためにそれを購入する、というのはよくあることだろう。ここで機能的価値に代わって重視されているものを、間々田は関係的価値と呼んでいる。なにかへの帰属を示したり、誰かとの差別化・競争において意味をもつ価値だからである。

またそのような機能的価値以外を志向することの必然的な帰結として、第二の消費文化で主役となる商品は、しばしば非機能的、また非慣習的である。実際、ブランド商品のなかには、明らかにもちにくいバッグ、美しいデザインだが保温性のないコートなどといった、道具としてはむしろ扱いづらいものが含まれている（非機能性）。また他者に対して差異を表現するために購入される商品は、必然的に目新しいものになる（非慣習性）。ちなみにそれは必ずしも高級志向をともなうものではなく、年代や地域、階層ごとに、それぞれの形でコード（符丁）化され消費されている。

そしてこのように関係的価値に重きをおいて行われる消費行動は、人文社会科学の領域でしばしば批判的に扱われてきた。例えば一九世紀アメリカの経済学者T・B・ヴェブレンは、上流階級の奢侈（ぜいたく）を、生活の必要を超えて自らの地位などを「みせびらかす」ために行われる消費と断じ、それを「顕示的消費」と呼んだ。また二〇世紀後半になると、フランスの社会学者J・ボードリヤールが、現代消費社会が社会的地位、富裕さ、教養などをもとめる競争社会であること、そしてその結果人々が差異をあらわす「記号」を空虚に消費している状況を批判的に論じている。

以上が第一、そして第二の消費文化の説明である。そしてここで重要なのが、第一の消費文化（大量生産・大量消費）、第二の消費文化（必要を超えて他者との違い〈差異〉を誇示するための消費）を鋭く批判する批判的消費社会論が隆盛した結果、教育学を含む多くの人文社会科学では、消費なるものが非常にネガティブに理解されることになったという点である。少なくとも教育学は、消費という現象を第一そして第二の消費文化の出来事として否定的に理解してきた。のみならずむしろ学の積極的な課題として、第一と第二の消費文化の進展のなかで、どのようにしてそれに抗して実質的な人格形成や生産主体の育成を図るかということを長く論じてきた。

おそらくそこでは、企業による人々の統制や支配という社会の構図が共有されている。大量生産・大量消費社会では、企業が利益追求のために環境破壊や人心の荒廃をもたらしている、のみならず企業は、広告手法の高度化によって、生活の必要を超えた消費を技術的に煽り、自らの利益を追求している、という構図である。教育学はそのような支配・被支配の構図を乗り越えるような教育をもとめてきた。

しかし消費という人間の行為を捉えようとする時、これらの把握だけで十分であろうか。もちろん、このような批判的消費社会論の主張は一定の妥当性をもっている。しかしわたしたちが行う消費のうちで、必要を超えた消費のすべてが害悪であるかのように扱っているのは誤りだろう。

そもそも必要とはなんであろうか。それはただ生命を維持するだけの最低限の衣食住の消費ということだろうか。そうではあるまい。憲法二五条では、「健康で文化的な最低限度の生活を営む権利（生存権）」が定められているが、「健康で文化的」とは、生命維持のための必要最低限よりは明らかに豊かなものとして理解されるべきである。それは人によって違うかもしれない。しかし例えば、人が他者とのつながりを確認するような儀礼や慣習（誕生日、入学式、卒業式、葬式）を営むこと、生活の糧とする以外になんらかの趣味をもつこと、その他ある種の適切なぜいたく、一定の無駄を営むということがそこから排除されるべきではない。もちろんそのような無駄が、なんらかのコストやリスク（環境破壊など）をはらんでいる可能性への配慮は必要だとしても、である。

そして間々田はこのような、必要を超えてはいるが、人間の精神の充実をもたらし得る好ましい消費、そのような消費を追求する文化を、第三の消費文化と名づけている。

超商品としての教育

第三の消費文化とは、文化的価値をより深くあるいはより幅広く追求しようとするという第一原則、消費が社会に与える好ましくない影響を回避しようとするという第二原則によって性格づけられる。間々田の説に沿って順に説明しよう。

文化的価値とは、人々が消費を通じてなんらかの主観的に好ましい精神状態を実現する時に、そのような消費の価値を示すものである。文化的価値の消費は、なんらかの目的のための手段としての価値（機能的価値）や、他者との関係の調整における価値（関係的価値）によって有用性や満足感を与えるのではなく、消費することそれ自体が直接的に価値をもっている。間々田はその典型として、音楽、美術、絵画、演劇などの鑑賞の喜び、趣味の楽しみ、嗜好《しこう》品の飲食の満足感、気に入った雑貨を身近におく時の喜び、温泉での解放感やくつろぎなどを挙げている。それはつまり文化的価値が、なにか高尚なモノ・コトの消費だけでなく、大衆的、通俗的、娯楽的な消費のうちにも存在することを意味している。

そして消費に対して批判的な教育学者に、あるいは本書の読者によくよく考えてほしいのが、消費というものを、このように文化を広く深く享受するということとして理解できるならば、少なくともそのこと自体にはなんら問題はないということ、これである。

消費というカテゴリーをネガティブに、そして生産というカテゴリーをポジティブに捉える人は多い。それは消費が、どうしても「奢侈」や「浪費」「無駄」と結びついて理解されているからであろう。そのような人たちは、価値を消費（享受）するよりも、価値を生産（創造）する生き方の方をより価値の高いものだと考えている。そしてしばしば教育は、消費よりも生産を価値とする人間を育て上げようとする。しかしよくよく考えてほしい。わたしたちが分業してなにかを作り出すのは、その成果を分かちあい、享受するためではないだろうか。消費とは、第一義的には、ものごとの価値を享受するということである。なにかを味わうということそのものである。そのこと自体をことさらネガティブに感じる必要はない。

そう考えると、つねに生産を消費よりも上位のものと決めてかかるような発想には再考の余地がある。特に教育において、すべての子どもを消費よりも生産にコミットする人間に育てるということは、誰も食べてくれない食品の生産者、誰も使ってくれないモノやサービスの担い手、誰も鑑賞してくれない芸術作品の作者を育てることになりはしないだろうか。そんな風にして供給過多となった生産者たち、つまりは小さな資質・能力たちが、過剰な緊張と競争の人生を強いられているとしたらどうだろうか。そしてこのことに思いを致すなら、わたしたちに必要な新しい教育と社会のビジョンとは、互いが作り出したものを、その総体としての世界を、互いに享受しあい、互いに味わいあうこと、つまりは、消費（価値の享受）を軸にして人が育ち生きる教育と社会なのではないか。「誰もが価値の創造者であれ」というコンピテンシー論のかたわらで、「誰もが価値の享受者でもあれ」と人々に呼びかける――文化的価値の消費を軸にした第三の消費社会とは、あるいは教育（学）の消費社会論的転回とは、そんな対抗的メッセージを含んでいる。

しかし、それでも人は言うかもしれない。消費はさまざまな問題を引き起こす。実際、第一、第二の消費文化の隆盛、すなわち大量生産・大量消費の促進は、環境汚染、資源の枯渇、格差や不平等の問題など、経済学で言うところの「負の外部性」という問題をともなっていた。このようなマイナスの可能性をはらむ以上、消費というカテゴリーを軸とした教育と社会はやはり危険なのではないか、と。

確かに危険ではある。しかし、第三の消費文化を体現する消費者は、第一、第二の消費文化が引き起こしたような諸問題に対する問題意識を、消費行動の次元でも顧慮する存在であるところにもう一つの特徴がある。第三の消費文化を考えるなら、この第二原則まで含めて評価する必要がある。

例えば間々田は、一九八〇年代以降、第一、第二の消費文化がもたらす負の外部性に危機感を覚えた先進諸国の社会を中心に、環境に配慮した消費をもとめるグリーンコンシューマリズムや、公正な取引と生産地の安定的な発展を目指すフェアトレードの動きが活発化してきた点に触れている。前者においては、省エネルギー、資源リサイクル、環境に配慮した店舗の選択、地産地消、有機農産物の消費などが模索された。後者は、安く買い叩かれがちな発展途上国の原料や製品を適正な価格で継続的に購入する仕組みを作り出すことで、グローバル市場において立場の弱い途上国の生産者の生活改善と自立を目指す運動である。またこれらに加えて、災害被災者への支援、文化財の保護、動物愛護、マイノリティ支援などへの倫理的配慮を消費者にもとめる「倫理的消費」という考え方が生まれた。そして第三の消費文化の担い手は、消費行動においてこのような「倫理的消費」に配慮する消費者としてイメージされる。第三の消費文化の消費者は、消費の負の側面を知ってなおそれを適切に追求することに自覚的な人々なのである。

ただし、このように環境その他のリスクに配慮しつつ行われる消費は、望ましくはあるが市場の規模としてそれほど大きくないということはある。グリーンコンシューマリズムもフェアトレードも、恒常的にコミットしている消費者は全体から言えば少数派にすぎない。確かに現在の第三の消費文化の、とりわけ倫理的消費の規模は小さい。

とはいえもう一つの柱である文化的消費は、消費すること自体がさらなる消費を生み出す可能性をもっているという点は重要である。人はある種の学習によって、自身の嗜好（経済学的に言えば選好）を変容・深化させ得る。そしてこの場合の学習は、その文化そのものを消費（享受）することを含む。例えば、特定のジャンルの音楽を聴くこと（消費／学習）で、うまくいけばますますその音楽が好きになり（嗜好／選好の変容）、その音楽の消費が増える――そんなごくありふれた経験こそが、ここで言おうとしていることである。だから問題は、いかにして伸び行く文化的消費を、同時にそれが倫理的消費でもあるように育てていくか、という教育の課題になっていく。

消費者を育てる、それは決して、企業の広告に踊らされて時間とお金を浪費する人間を育てるということではない。それは、ほかの誰かが生み出してくれた価値を、その瑞々《みずみず》しい感性によって適切に受け取り、深く味わい、そして同時に、その消費行動自体に道徳的反省を加えることのできるような人を育てる、ということである。互いが互いの生み出したものを味わいあい、そのことによって互いが互いの生を充実させあう社会関係を育てるということである。

ちなみに、文化的消費においては消費すること自体が消費を伸長させるというさきのアイデアは、わたしの単なる思いつきというわけではなく、経済学のなかでも比較的新しい分野である文化経済学の領域で、すでに議論されているものである（池上惇ほか一九九八）。曰く、通常の財・サービスは個人の嗜好に基づいて需要されるが、文化の場合は、芸術家がもつ文化の「創造能力」に加えて、消費者の側の「享受能力」の程度が重要となる。消費者の側の「享受能力」が低ければ芸術は消費されないし、結果として発展も望めない。そして、「創造能力」はもちろんそんな「享受能力」も、教育や環境のあり様によって影響を受ける。

もっとも文化経済学は一般に、広義の文化的環境（美術館や博物館、あるいは広く芸術文化産業一般）に焦点を合わせることが多く、本書のように学校教育に焦点化して、それが「享受能力」を育成するという論点を追究する議論は少ない。また現状のように学校教育が文化や科学を、つまりは教育のコンテンツを、コンピテンシー育成のための単なる媒介物、夾雑物として扱うならば望みは薄いかもしれない。しかし逆に学校教育が、文化や科学と子どもを出会わせるための場としての性格を強くするならば、学校は、美術館や博物館、あるいは文化産業に伍《ご》する世界との出会いの場となり得る。

考えてみてほしい。少なくとも現代社会で生じる文化的消費は、学校教育がなかったならば、いまに比べてはるかに規模の小さい、せいぜい一部の上流階級を担い手とする市場でしかなかったに違いない。学校の国語で文学に触れる機会がなければ、文学の市場は望み薄だろう。理科で学んだ科学の知識の断片は、博物館やプラネタリウムだけではなくて、映画やテレビのコンテンツ産業と共振しあっているに違いない。社会科の授業で扱われる知識は、観光産業にきっとプラスに働いている。子どもの時、体育でやってみたことがあるということが、スポーツの市場を支えていないと誰が言えるだろうか。音楽の授業で聞いたことがあるということが、細々とでもクラシック音楽の裾野を支え、市民ホールの音楽イベントの土台をつくっていることを認めないわけにはいかない。

わたしたちはとかく学校は役に立たないと言うが、それは自分が考える理想の学校像の高みからいまの学校を見下ろすからである。学校の意義を考えるなら、比較すべきは、学校がある社会と学校がない社会でなにが違うか、である。そう考えれば、学校教育が、特に教科のコンテンツという点から、いま現在でも消費（需要）の面から市場を支えているということは容易に理解されるはずである。

難しいことではない。国語の授業を受けてさらに文学が好きになる、理科の授業を受けてさらに科学が好きになる、美術の授業を受けてさらに絵画が好きになる、それだけでなく、社会科や家庭科の授業を受けて、より公正・公平・合理的な消費者になる――目指されているのはそんなことであり、学校はいま以上に、そんな「世界との出会い」の場となり得る十分な可能性をもっている。なにしろわたしたちの社会の学校は、一四〇年以上の歴史をもち、とてつもない累積的な投資によって作られ、維持され、この国のすみずみにいきわたっている、類いまれな巨大インフラなのだから。文化的消費者としての、第三の消費文化の担い手としての新しい世代を育てる可能性を学校にみるのは、そしてそのことを通して学校が、消費（需要）の面から経済にそれなりに貢献し得るとみるのは、決して荒唐無稽な話ではない。

あるいは、こうも言える。

とりわけ経済の規制緩和を強調する人々は、しばしば教育を市場で取引される商品と同列に捉える。それに対抗する人々は、教育は人格同士の関係に基づくものであり、商品ではないと反論する。

わたしはと言えば、基本的には後者にシンパシーを感じている。しかしここではあえてこう言いたい。教育は単なる消費の対象、つまり商品ではない。しかし、ローカルな人格同士の結びつきに尽きるわけでもない。そうではなく教育とは、その消費（享受）を介して市場の需給構造を変容させ得る、のみならず、人々の消費に倫理の装いを与え得る、そんな超商品である。

休日のための教育と教育学

だから必要なのは、消費（需要）の面から経済に（も）貢献するような教育と、それを導く教育学なのである。それらは、働くこと（平日）の役に立つことを、あえて拒否するわけではない。しかし本質的にはむしろ、生産よりは消費の、労働よりは余暇の、平日よりは休日の充実を準備するという仕方で、個人と社会のよさに関わっている。わたしが強調したいのは、そんな、休日のためのゆるやかな教育と教育学なのである。

わたしたちの社会は、学校は役に立たない無駄なことばかり教えている、と言う。そんな無駄なことを教えないで、社会に開かれた、「個人の人生の成功」と「うまく機能する社会」を可能にする、意味のある、役に立つことを学ぶ場へと、学校を変えていかねばならないと、いささか期待過剰に、ほとんど強迫的に叫ぶ。しかしわたしは、学校は社会への「適応」ではなく、「世界との出会い」の場でなくてはならないと考えている。それはつまり、（社会の効率性の観点から言えば）無駄なことを教えるべきだ、ということにほかならない。なぜ、無駄なこと＝世界のことを教えるべきなのか。個人の観点から言うならば、「世界との出会い」は、それ自体が個の人生を豊かにする可能性をもっているからである。世界は、ほかの誰かが世界との関わりのなかで生み出した価値であふれている。最広義に捉えられた知や文化といったものがそれであり、「世界との出会い」は、それらを消費するということにほかならない。消費という言葉の響きが気になるなら、価値の享受と言い換えてもいい。あるいはもっと平たく、「味わう」と言ってもいい。

そしてすでに述べてきたように、教科とは、ただ社会に「適応」して合理的に生きようとする個に、あえて「世界との出会い」を準備するものである。国語、算数・数学、理科、社会、英語、道徳、音楽、美術、保健体育、技術、家庭、農業・工業・商業・水産——これら教科は、それぞれの切り口で個を世界へと誘《いざな》う。学習者を、ほかの誰かが世界との関わりのなかで見出し、あるいは作り出した知や文化といった価値と出会わせる。そのような教科を、「小さな企業家」としての力（コンピテンシー）を養成するための単なる媒介物、夾雑物としてただ合理的に通り過ぎるということの「もったいなさ」に、わたしたちの社会はもう少し思いを致すべきではないか。

そしてじつのところ、社会の観点から考えた場合にも、それは決して非合理的というわけでもない。なぜか。その端緒は、誰かの消費は誰かの所得であるという、まったく経済的な事実にある。

現代社会の教育は——あるいは昔からそうだったようにも思われるが——、子どもたちを生産者、そして価値の創造者として育てようとしている。前者に関して言えば、景気や経済成長は供給と需要の相互作用によって決まるから、生産者をどれだけ養成しても消費が抑制されていては意味がない。その抑制された消費をこじ開けるような価値の創造者（「小さな企業家」）の「量産」という観点は、なるほど理屈のなかでは合理的だが、現実においては人々の人生をひどく生きづらいものにしてしまう。

他方で、他者の作り出した価値に対する細やかな感受性、価値を享受する感性を育てるというのが、本書で言う「世界との出会い」の教育である。財やサービス、あるいは価値を創造する人づくりばかり強迫的に追いもとめるのではなく、むしろ、その価値を消費（享受）し得る人を育てるということ。ほかの誰かが作り出したささやかな価値を、繊細な感性によって十分に享受し、その結果それに対価を支払う人を育てることができれば、経済は回りだす、そうわたしは考える。

もちろん生産と消費、供給と需要はしばしば暴走し、人間も含めた地球環境の破壊を促進してしまう。だから育てられるべきは倫理的な消費、文化的消費だというのはすでに述べたことである。また価値の享受に代価を支払い得るために、公正な分配と再分配のシステムが必要であることは言うまでもない（そして繰り返すが、それは社会の方の問題である）。

生き抜くために働く、その力（コンピテンシー）を子どもたちに保障することの必要性を看過するわけでは決してない。しかし人間は、働く存在、生産者、価値の創造者としてあるだけではない。それに、労働、生産、創造が価値をもつのは、そうやって作られたなにかの価値を認め、それを消費（享受）し、自らの人生を豊かにしていく人々、そんな風にして休憩時間を、放課後を、退勤後を、退職後を、そして休日を生きる人々がいてこそである。教育は、なかんずく教科の（無駄な）学習は、そんな人々を育て、そのことによって需要の側から経済も回していく。

一見して無駄な、つまりは反社会的な教育と教育学は、そんな風にして、別の仕方で社会と出会うのである。

参照文献

池上惇・植木浩・福原義春（一九九八）『文化経済学』有斐閣
伊藤元重（二〇一五）『入門経済学　第四版』日本評論社
小野善康（二〇一七）『消費低迷と日本経済』朝日新聞出版
W・N・グラブ&M・ラザーソン（二〇一二）「レトリックと実践のグローバル化―「教育の福音」と職業教育主義」（広田照幸・吉田文・本田由紀編訳『グローバル化・社会変動と教育一　市場と労働の教育社会学』東京大学出版会）
J・A・シュムペーター（一九七七）『経済発展の理論（上）』塩野谷祐一ほか訳、岩波書店
J・A・シュムペーター（一九七七）『経済発展の理論（下）』塩野谷祐一ほか訳、岩波書店
P・ブラウン&H・ローダー（二〇一二）「グローバル化・知識・マグネット経済の神話」（広田ほか編訳前掲書）
松下佳代（二〇一四）「PISAリテラシーを飼いならす―グローバルな機能的リテラシーとナショナルな教育内容」（日本教育学会編『教育学研究』八一巻二号）
間々田孝夫（二〇一六）『二一世紀の消費―無謀、絶望、そして希望』ミネルヴァ書房
N・G・マンキュー（二〇一四）『マンキュー入門経済学（第二版）』東洋経済新報社
山本有三（二〇〇一）『米百俵』新潮社
吉川洋（二〇一六）『人口と日本経済―長寿、イノベーション、経済成長』中央公論新社

おわりに

いささか足早に、決して主流とは言えない教育と教育学の構想を語ってきた。読者の理解を補うため最低限の要約をしておこう。

第一章で論じたのは、わたしたちの社会の教育ゲームに「主体的に」コミットする教育家族たちの、来し方と行く末であった。教育家族は、とめどなく亢進する社会の要求に合わせて高度化する教育にしがみつき、必死に社会に「適応」し、サバイバルを試みる。「教育とは『生きる力』を育てること」とは、この国の教育行政が前世紀の末に採用した「進歩的」なスローガンである。そして学校教育が育てるその「生きる力」とは、社会保障を切り下げ続けるこの国において、「その力を獲得しなければ生きていけない力」である。少なくともわたしはこの言葉を聞くと、「よく学べ、さもなくば……」とでも言われているようで、ゾッとしてしまう。死ぬ気で学んで自分をバージョンアップし続けなければば、生きることもままならない社会――それはやはりディストピアだ。そんなわたしと同じように感じているのか定かではないが、ともあれ教育家族たちは、子どもたちに生き残るための力をつけさせようと躍起になっている、否、ならざるを得ない。その獲得を諦めるや否や、開きに開いた格差の向こう側に転落してしまうこの社会では、教育とは降りられないゲームである。そんな教育家族と社会の関係は、互いに支えあってゆるぎない。

そのことを社会と教育の側から語り直したのが第二章だった。強調したかったことの一つは、未来の教育と社会の理想を語るコンピテンシーが、強迫的な教育依存／学校不信に支えられているという点である。とかく人々は子どもと教育の可能性を語りたがる。子どもは「無限の可能性」をもち、「本来の」教育は、その可能性を無限に引き出せるという。実際、子どもはしばしば大人の予想を超えた育ちを垣間《かいま》見せる。だから教育は、そんな育ちを引き出すために洗練を重ねてきた。しかしそのようにして洗練された純粋な教育としての教育が、人間にとって善いものであるかは、また別の問題のように思われる。ましてや社会を救うための切り札として、社会の過剰な期待に追い立てられて行使されるような教育ならば、なおさらである。

だから第三章では、まずは教育なるものの原理的なオルタナティブを探ることとしたのだった。そのオルタナティブな教育は、古代ギリシャのスコレーと、あるいは現代的なコンピテンシー批判の教育哲学と、響きあうこととなった。ただしそのことは同時に、じつのところコンピテンシー論の淵源《えんげん》であった近代教育思想の祖であるルソーを敵に回すことを意味してもいたのだが。

ともあれ、そのオルタナティブな教育構想のキーフレーズは、「（教科を介して）世界と出会う」である。「個人の人生の成功」と「うまく機能する社会」の円環から距離を取り、子どもと世界を出会わせることを旨とする教育は、ロボット掃除機と化しつつある子どもたちをフリーズさせる。その一瞬のフリーズが、「ただ生きる（適応する）」ためではなく、（古代ギリシャ人が言うところの）「よく生きる」ための教育の可能性だと、本書では論じたのだった。

そうやって社会から「逃走」した結果得られたオルタナティブな教育像は、しかし、どうにかして社会ともう一度出会わなければならない。コンピテンシー論とは違う形で、社会と一定の互恵的な関係を結ばなければならない。これもまた本書が強く意識したことである。じつのところ、これまでも理想の教育論は数多く語られてきたし、これからも語られていくだろう。大事なのは、そのような「なにが理想の教育か」は、「それはいかにして可能か」という考察をともなっていなければならないということ、これである。

鍵となったのは消費であった。多くの教育学者（そして教育論に関心をもつ少なくない読者）は、消費なるものに対してネガティブなイメージをもっている。それはとりわけ二〇世紀以降の、人間や自然環境に対して市場がもたらした多くの災禍を思うならば、まったく健康な発想であろう。しかし本書はあえて——経済学や社会学の知見を借りながら——これを覆そうと試みた。わたしたちは生産者であると同時に、消費者として成長しなければならない。そんな休日のための教育と教育学こそが、第三章までで論じたのとは違った仕方で、教育と社会の出会いを可能にする——それが第四章の主張だったわけである。

そんな本書のまとめとして、さらになにを付け加えることができるだろうか。

一つは、教育学者としてというよりは一人の父親として、つまりは、現代教育家族を生きる当事者としての言葉になる。

第一章は、孤独にサバイバル・ゲームを戦う現代の教育家族たち、つまりはわたしたちの悩みを、歴史的・社会的に形成されてきたものとして読み解くものであった。それは第一義的には歴史の話であり、社会の構造の説明であり、そこからなにか現代の教育家族に有益な処方箋を与えることは、正直に言って難しい。ただ、互いを敵として（？）孤独にサバイバルするわたしたちは、そのゲームに無理やり放り込まれているということにおいて、境遇を同じくしている同類なのだという事実は、強調しておきたい。

子育てに、教育、わたしたちの悩みは尽きない。それは時につらく苦しい。しかしもっと苦しいのは、「この苦しみは自己責任だ」と思ってしまうことだ。そうではない。子育ての悩みは、この社会が本書で述べてきたようにあることの結果としてある。教育を失敗するや否や、子どもと家族がまともな暮らしができなくなるとすれば、それは社会の欠陥なのだ。月並みな言い方になるが、ともに声を上げていくことはできないだろうか。「もっと安心して育てさせろ、生きさせろ」と。

もう一つは、やや教育学者の内輪向けの話となることを許してもらいたい。本書の基本的なアイデアの源泉についてである。

わたしは本書で、教育学は消費概念を不当にネガティブに捉えてきた、だからここではポジティブに捉え直す、などと新奇性を主張した。しかしじつのところこの着想は、むしろ過去の日本の教育学を現代風にアレンジしたものといった方が正しい。それは、アジア・太平洋戦争後、少なくとも一九八〇年代までは一定の影響力をもっていた進歩（革新）派の教育学、いわゆる「戦後教育学」と呼ばれる潮流、なかでもその中心にいた、勝田守一という教育学者の「全面発達」と「教養」という考え方である。

もともとこの「全面発達」という考え方は、とりわけ一九六〇年代以降、学校教育を経済への投資として再定式化しつつあった日本の教育行政への対抗の原理であった。それは、産業社会の動向に応じて早い段階から子どもを種別化された職業教育の系へと振り分けようとした教育改革に対して、すべての子どもは全人格的かつ調和的に育てられなくてはならないと主張するものであった。このことは一面において本書でも論じたルソー主義に連なる面もある。しかし勝田はまた、この「全面発達」と合わせて「教養」を論じている。そこからは、労働の能力の育成を課題に据えながらも、それに還元されない人間の育ちの領分を――「教養」という言葉の鼻持ちならない響きを批判する人々を前にしてもなお——守ろうという、ある種の「保守性」がうかがわれる。

進歩（革新）派教育学者の首魁《しゅかい》の「保守性」——それは、つねに時代の要請に追い回されざるを得ない教育なるものを、それでも、時代を超えて存続させようとする意図がなせるものだったのではないか。実際、高度経済成長期においては、旺盛な需要に応える供給サイドの発展こそが経済成長の最重要課題であった。そんな社会において唱えられる「全面発達」や「教養」は、供給サイドの充実という社会の要請にまつろわない、「反社会的」な教育学に違いない。しかしそこで保守された「全面発達」と「教養」は、成熟＝需要不足の現代社会において意味づけを変える——それが、本書を支えた直感であった。（同業者には牽強《けんきよう》付会もよいところと呆《あき》れられるかもしれないが）勝田の「全面発達」論は単なる理想主義ではなく、市場なるものが、需要と供給の相互作用によって成り立っていることと意外に符合するような人間論また教育論として、創造的に読み直され得るのではないかと、そう思われたのである。

とはいえこの解釈の当否は、現代の教育論としての本書の主張と直接に関係するものではない。古い教育学の後ろ盾がなくとも、教育（学）の消費社会論的転回という自分なりのアイデアには、それなりの妥当性があるとわたしは信じている。

確かに、大量生産・大量消費という二〇世紀の消費文化は、人間と自然に大きな爪痕を残した。ブランド物をこぞって買うというような、いたずらに他者との差異を競う消費のアイデンティティ・ゲームはわたしも虚しいと思う。

しかしそのことは、消費という人間の営みをまったく無価値とするものではない。誰かが作ったものが、わたしの生活を、精神を豊かにしてくれる――そんな出来事は、わたしの周りにも、あなたの周りにも、ありふれているではないか。そして市場とは、そんな作り手と受け手、生産と消費を、時間と空間を超えて結びつけるシステムである。ただし、その強力なネットワークシステムとしての市場は、人間の尊厳、社会正義、公正・公平、持続可能性といった倫理的原則に即して振る舞うのが苦手ということはある。市場はひとりでに人間や環境に優しくなったりはしないから、それらには別の手立てが必要である。だからこそ文化的消費を中心として、消費社会を望ましく変えていくことが必要であるということも言い添えておく。

そして最後に一つ告白を。ここまで、教育に過剰な期待を寄せるなと主張してきた。そんな過剰な期待から解放された教育を本書は、「世界と出会う」「世界とともに在る」「世界と対話する」という言葉で表現してきた。しかし正直に言えばわたし自身も、そんな教育にある期待をしてしまっているのだ。矛盾である。いったいなにを期待しているのか。それは、人間が互いを尊重しあうまっとうな民主主義社会、消費社会、そして共生社会をつくることである。子どもが教育において世界を、つまりは、自然を、文化を、他者を、その他もろもろを、自分が社会を生き抜くための道具としてではなく、それ自体価値あるものとして経験する――そのような教育から、なにかしら望ましい個人と社会の可能性が生まれはしないものだろうか。

例えばある個人が、学校の授業で、一生の仕事につながるような役に立つ手がかりをつかむなら、それはとても喜ばしいことである。しかし同時にわたしとしては、彼や彼女に（仕事の役には立たないが）一生涯にわたって続くかけがえのない休日の過ごし方のアイデアが訪れるということも、とても幸せなことだと思う。このことはとても重要である。かけがえのない休日がある時、人の人生は豊かになる。その休日を守るために、立ち上がることもできる。「もっと幸せに生きさせろ」と。生産／消費、平日／休日、それらの両方にまたがった可能性が「世界と出会う」教育にはあるとわたしは信じている。それは一つの、民主主義の可能性であるように思う。

あるいはこういうのはどうだろうか。第一章でわたしは、ベネッセ教育総合研究所・朝日新聞社共同調査の結果に触れておいた。所得による教育格差を「当然だ」「やむを得ない」と許容する保護者の割合が六二・三パーセントにものぼったという話である。そこには、わが子の社会への「適応」に邁進するあまりほかの子どもたちの教育保障から目をそらす、経済的に「ゆとりがある」層の意識が垣間見える。

しかし、教育というものが消費者を育てるものでもあるとするなら、どうか。

わが子を現代社会の優れた生産者に育て上げ、勝ち抜こうとするのもよい。しかし、あなたの子どものとなりの子どもが、まともな可処分所得をもたず、そしてまた教育が不足するがゆえに、あなたの子どもが生み出すものの価値を認めもしないなら、あなたの子どもの生産者としての人生はおぼつかない。あなたの子どもが音楽家になりたいなら、音楽を理解し消費する（できる）人が必要だ。あなたの子どもが小説家になりたいなら、文学を理解し消費する（できる）人が必要だ。わたしたちの社会の教育が「世界と出会う」教育、すなわち、力強く公正な消費者をつくる教育になることを前提としてであるが、もしそうであった時、そのことはあなたが、あなたの子どものとなりの子どもに教育（と再分配）を保障することを肯定する理由にはならないだろうか。わたしたちは互いに作りあい、認めあい、味わいあい、支えあう存在なのだから。

さらにあともう少しだけ、願望のなかでだけだから、あとほんのちょっとだけ欲張ってみてもいいだろうか？「世界と出会う」教育によって世界が基本的に価値あるものとして捉えられたならば、そんな世界を危うくする戦争、環境問題、格差・貧困、人権侵害その他多くの諸問題に対する問題意識が立ち上がるかもしれない――そんな楽天的な想像もついつい膨らんでしまう。それは市場が作り出すことのできない、持続可能で、公正・公平で、人々の尊厳が重視されるような社会の可能性ともなるように思う。もちろん、一人ひとりの意識が変われば市場が変わる、などと言ってしまうのは安直かもしれない。しかしとはいえ、市場は人々のニーズに敏感である。わたしたちの消費者としてのニーズが、それとして倫理的になればあるいは、などと思わずにはいられない。せっかくわたしたちの社会には、学校という、一四〇年以上かけて作り上げてきた超巨大インフラがあるのだから、それが人々を変えることを通じて市場を、社会を、世界を変えていく可能性を、信じたいとも思う。

とはいえやはり、期待過剰は禁物である。

言いたいのは、教育は万能ではないということ。言い換えれば、わたしたちはつねに、教育に期待できること／できないこと、すべきこと／すべきでないことの境界を見極めねばならないということ。教育は、個人と社会の未来に関わる営みである。しかしそれは、教育さえなんとかすれば個人と社会の未来が約束される、ということではない。つらく苦しい時代において、輝かしい未来を手繰り寄せる一発逆転のやり方をもとめてしまう気持ちはわからないではないが、そんなことが可能だなどと、思いあがってはいけない。この世界は、そんなに都合よくできてはいない。

そんな正しい絶望から、始めようではないか。何度でも。

あとがき

わたしたちの社会の教育を「ゆるめる」――冒頭で掲げたこのアイデアの意味、そしてその意義や必要性を、わたしはどれだけ読者に伝えることができただろうか。

わたしの専門は教育学である。そんなわたしが、教育の限界を語り、教育に期待しすぎるなと繰り返すのは、読者からは奇異にみえたかもしれない。ネガティブ（?）な教育語りに抵抗がある人もいるかもしれない。でも教育を専門的に語るということは、教育の可能性と限界の両方を語るということなのだ。少なくともわたしはそう思っているし、だからわたしはわたしなりの、わたしが考える教育学らしい教育学の本としてこれを書いた。

もっとも、流行りの教育論に難癖をつけるのはともかく、近代教育思想の祖であるルソーに文句をつけておいて、そのくせ教育学者を名乗っているのだ。まあ、奇異であることは否定できない。そしてじつはその意味で本書は、「反社会的」であると同時に「反教育学的」でもあったりする。とはいえそんな風にアンチを気取っても、本書が先達の優れた先行研究に多くを負っていることは疑い得ない。新書という性格上、参照した文献の提示は最小限とせざるを得なかったが、どうか諒《りょう》とされたい。

それにしても、本当に、書きたいことを、書きたいように、書ききった。頼まれもしないのに「わたしなりの、わたしが考える教育学」を書いてそれを世に出すというのは、多分にエゴイズムのなせる業に違いない。でも願わくば、「わたしが考える教育学」にこだわったがゆえのこの奇異さが、あなたにとっての面白さであってほしいと思う。読んでもらえるという勝算はあるつもりだ。教育が、そして生きていくことそのものが、あまりにも難易度が高くなってしまっている、もっとゆるくいこうよ――そう思う人はわたしのほかにもいると思うから。的外れでないことを祈っている。

本書が世に出るにあたっては、多くの人の助力があった。

本書の歴史叙述の部分に関しては、一橋大学大学院社会学研究科の木村元先生のもとで学んだ教育の社会史研究が背景にある。本書で論じた現代の教育改革とその問題点は、民間教育研究団体の教育科学研究会で、教師、研究者、発達援助職や福祉職として活躍する多くの仲間と語りあうなかで気づかされたものである。学校教育はコンピテンシーに寄りすぎることなく、もっとエゴイスティックにコンテンツの価値を追求してもよいのではないか――本書のそんな（反時代的な？）アイデアを提案するにあたって背中を押してくれたのは、勤務先である京都教育大学の同僚たちとのやりとりであった。

さらに、政治社会学者の畏友・堀内進之介氏に感謝を申し上げねばなるまい。本書のもとになったアイデアのいくつかは、教育学に対する彼のあまりにも鋭利すぎる批判に、それでもなんとか応答しようとした努力が形になったものである。ちなみに、彼が集英社新書との縁を取りもってくれなければ、本書が世に出ることはなかったということも付け加えておきたい。

その縁でお会いした集英社新書編集部の細川綾子氏は、まったく無名の学者であるわたしの、海の物とも山の物ともつかない本の構想を丁寧に聴き取ってくださった。ときおり送られてくる時事問題についてのメールや、草稿への的確なコメントは、執筆を急ぐあまり視野が狭くなりがちなわたしにとってとても貴重なものだった。改めて感謝したい。

最後に、家族へ。

二人の子どもたちの存在は、本書を書く原動力でもあった。もう少し大きくなったら、それがわたしにとっていかに幸運だったかを伝えようと思う。

そんな彼女と彼のケア（「セカンド・シフト」「サード・シフト」）でともに奮闘するパートナーである妻にも一言。大学の多忙化によって学期中の平日に時間が取れないため（本を読む時間すら取れない！）、本書のための研究はしばしば休日の仕事となった。会社員である妻には、疲れ果てた休日にワンオペ育児を任せてしまうことも少なくない。申し訳なく思うとともに、送り出してくれることに感謝したい。

そしてそれでも生活が（かろうじて）破綻しないのは、遠く九州から京都に移り住んでサポートしてくれている父と母、電車で二時間かけて子守りにきてくれる義母のおかげでもある。甘えてしまって申し訳ないが、孫たちのかわいさに免じて許してほしい。

そんなわけで本書は、支え導いてくれた家族に捧げられる。感謝とともに。

二〇二〇年四月

神代健彦

図版作成／クリエイティブメッセンジャー

神代健彦（くましろ　たけひこ）

一九八一年生まれ。教育学者。京都教育大学教育学部准教授、教育科学研究会常任委員。研究テーマは、戦後日本の教育学史、道徳教育の理論。共編著に『道徳教育のキソ・キホン――道徳科の授業をはじめる人へ』（ナカニシヤ出版）、『悩めるあなたの道徳教育読本』（はるか書房）など。ツイッターアカウントは@kumashirotak

「生存競争《サバイバル》」教育《きょういく》への反抗《はんこう》

集英社新書一〇二九E

二〇二〇年七月二二日　第一刷発行

著者……神代健彦《くましろたけひこ》

発行者……茨木政彦

発行所……株式会社集英社

東京都千代田区一ツ橋二-五-一〇　郵便番号一〇一-八〇五〇

電話　〇三-三二三〇-六三九一（編集部）
〇三-三二三〇-六〇八〇（読者係）
〇三-三二三〇-六三九三（販売部）書店専用

装幀……原　研哉

印刷所……大日本印刷株式会社　凸版印刷株式会社

製本所……ナショナル製本協同組合

定価はカバーに表示してあります。

ISBN 978-4-08-721129-0 C0237

Printed in Japan

a pilot of wisdom